Le petit livre des insultes

et autres noms d'oiseaux en anglais

Le petit livre des insultes

et autres noms d'oiseaux en anglais

Lisa Bayle & Claire Silve

FIRST Editions

ISBN : 978-2-7540-5611-3
Dépôt légal : octobre 2013
Imprimé en Italie

Direction éditoriale : Marie-Anne Jost-Kotik
Édition : Laury-Anne Frut
Correction : Valérie Gios
Mise en page et couverture : Olivier Frenot

Éditions First, un département d'Édi8
12, avenue d'Italie
75013 Paris
Tél. 01 44 16 09 00
Fax 01 44 16 09 01
E-mail: firstinfo@efirst.com
Site internet: www.editionsfirst.fr

À mon papa, mon capitaine Haddock,
lui qui m'a tout appris.
C. S.

À ma sœur, source intarissable d'insultes fleuries,
et à mes parents, pour leur amour inconditionnel.
L. B.

Sommaire

Pour parler d'amour

Et si on osait…

Introduction

Tous les cristi, les ventre-saint-gris,
Les par ma barbe et les nom d'une pipe,
Ainsi, pardi, que les sapristi
Et les sacristi,
*Sans oublier les jarnicoton...**

Cré nom de nom, ils savaient parler nos ancêtres. Le vocabulaire a quelque peu évolué aujourd'hui, mais l'idée reste la même: une langue, ça bouge, ça jure, ça vit. Inconvenantes, irrévérencieuses, les chansons de Brassens bousculent le Français moyen; mais qu'auraient pensé ses compatriotes s'il était né anglais ou américain? Sans aller jusqu'à renier leur héritage linguistique (il faudrait pour cela quelques autodafés, à commencer par les œuvres de Shakespeare), les Anglo-Saxons entretiennent des rapports mitigés avec leur vocabulaire ordurier. Certains termes leur rappellent des heures sombres de leur histoire (par exemple, toutes les insultes

*Georges Brassens, *La Ronde des jurons*

raciales ou homosexuelles). D'une manière générale, ils laissent ça aux chanteurs de rap – qui ont sûrement moins de scrupules !

Pourtant, l'insulte est un art noble. Ne dit-on pas **I swear to God** ? **I made an oath** ? Ou, plus près de chez nous, « Je jure sur la tête de ma mère » ? Allons allons, on ne touche pas aux **mother** (**fuckers**).

Votre mère, justement, façon Ma Dalton, vous a sûrement menacé(e) de vous laver la bouche **with a bar of soap** (avec du savon) chaque fois que vous disiez des gros mots. Les jurons n'ont pas bonne réputation mais, comme dirait Brassens (qui s'y connaissait en mauvaise réputation), « Quelle pitié / Les charretiers / Ont un langage châtié / Les harengères / Et les mégères / Ne parlent plus à la légère [...] Ils ont vécu, *de profundis* / Les joyeux jurons de jadis ».

Le vieil homme avait raison, c'est tout un pan de la langue qui gagne à être connu, que l'on soit curieux ou injurieux ; en voyage d'affaires, en voyage scolaire ; étudiant en langues, ou traducteur ; comme jeune fille au pair ou comme **backpacker** ; chez l'habitant, dans un hôtel quatre étoiles ou sous les ponts. Quand tous les autres modes de communication ont échoué, et si vous n'êtes pas du genre à coller votre poing dans le nez du voisin juste parce qu'il vous a regardé de travers, il faut savoir improviser.

To scorch and get scorched, telle est notre devise. Avec un bon **comeback** (repartie), aucune pique (**burn / spake**) ne saura vous résister. Apprenez à jurer **with the best of them** (comme un charretier) et, en attendant de pouvoir rivaliser avec le capitaine Haddock (**talking like a sailor**), embarquez pour un voyage linguistique tel que vous en avez toujours rêvé.

Mais n'oubliez pas : l'insulte, ça fait du bien, mais ça peut faire mal ! (Ou l'inverse, c'est selon.)

Note à l'attention de notre saloperie de putain de sa race de lecteur : Vous avez désormais de l'or entre les mains ; veillez à en faire bon usage ! Évitez, comme nous venons de le faire, de balancer une insulte gratuite à quelqu'un qui ne l'a pas méritée. Si nous versons, au long de cet ouvrage, dans tous les clichés et stéréotypes qui soient, c'est pour placer les termes dans leur contexte, et non pour dire que les gros sont des porcs et que les homos sont des tafioles. Ceci étant, si le gros en question est en plus un gros con, vous pouvez vous lâcher.

Et pour éviter quelques arcades en sang et autres nez cassés, les termes à utiliser avec un maximum de précautions seront signalés par le pictogramme suivant : 

MODE DÉMARRAGE RAPIDE

•

La première règle lorsqu'il s'agit des insultes en anglais, c'est qu'il n'y a pas de règle ! Mots composés, contractés, glissements sémantiques, onomatopées... peu de langues peuvent ainsi se vanter d'avoir de telles libertés. Mais si vous n'avez pas le temps pour la fantaisie et la créativité, qu'il vous faut du vocabulaire en urgence pour comprendre et/ou répondre à une insulte, ce chapitre devrait vous mettre sur les rails. Les termes qui suivent sont des incontournables et peuvent servir en toutes circonstances.

Pour le connard de base (synonymes : enfoiré, ducon) :

Ass
Asshole
Asswipe / Arsewipe
Bastard
Cocksucker
Cunt
Dick
Dipshit
Dork

Douche
Douchebag
Fucker
Gimp (US)
Jerk
Moron
Motherfucker
Piece of shit
Prick
Shithead
Son of a bitch / Sonofabitch
Tossbag
Tosser
Turd
Turkey
Twat
Wanker

Pour le dernier des crétins (abrutis, débiles profonds) :

Airhead
Ass
Berk (UK)
Birdbrain

Blockhead
Bonehead
Brainless
Bummer
Clod
Dim
Ding-dong
Dingleberry
Divvy
Dolt
Doofus
Dopey
Dumbass
Dunce
Fucktard
Goit
Goon
Halfwit
Lunkhead
Monkey
Ninny
Retard / Tard
Schmuck / Shmuck
Shithead
Twerp

Twonk

Pour une vulgaire traînée (synonymes : pute, salope) :

Bike
Bitch
Cocktease
Floozy / Floosie / Floozie
Goer
Porch
Scrubber (!!)
Slapper
Slore
Slut
Trollop
Whore (!!)

Mais on peut aussi les classer selon leur racine étymologique…

Avec **fuck**, les plus courants :

Fuck
Fucker

Fuckhead
Fuckface
Fuckhole
Fuckette
Fucknut
Fuckhat
Fuckball
Fuckmuppet
Motherfucker
Fugly
Fuckwit
Fuckstick
Dickfuck
Fucktard
Fuckass

Ou **ass**, justement (le cul) :

Ass
Asshole
Asswad
Asshat
Asswipe
Asskisser

Jackass
Dumbass
Lardass
Fatass
Smart ass
Dickass
Horse's ass
Lazy ass
Tight ass
Asshead

Ou **head** (tête de / tronche de…) :

Airhead
Fuckhead
Dickhead
Poophead
Shithead
Bonehead
Meathead
Loghead
Lunkhead
Fathead
Smeg head

Saphead
Blockhead
Thickhead
Pecker head US

Et avec **dick** et **cock** (attributs on ne peut plus masculins) :

Dick
Dickass
Dickfuck
Dickhead
Dicktard
Dicktease
Cocktease
Cockblocker
Cocksucker

Vous noterez certaines thématiques récurrentes dans les insultes de base…

Quelques insultes gratuites

AU VOLANT
PERMIS D'INSULTER

•

Demander à quelqu'un ses insultes préférées sur la route revient à lui poser la question la plus intime qui soit. Dans les familles, de génération en génération, on se transmet ces noms d'oiseaux qui viennent agrémenter tous nos voyages. Aussi, dans cette catégorie plus que dans toute autre, il est recommandé d'avoir de l'imagination.

Mais sur la route, mieux vaut savoir de quoi on parle – question de sécurité :

Driver → conducteur
Pedestrian → piéton
Highway code → code de la route
Driving licence UK **/ license** US → permis de conduire
Road → route, chaussée
Highway → autoroute (ou route nationale)
Sidewalk → trottoir
Signs → panneaux de signalisation
Zebra crossing UK **/ Crosswalk** US → passage pour piétons

Traffic lights → feux tricolores
Right-of-way → priorité
Traffic jam → embouteillages (**In the traffic** → dans les bouchons)
(Steering) wheel → volant
Turn signal → clignotant
To beep / To hoot / To sound / To honk (US) (**the horn**) → klaxonner
Engine → moteur
To stall → caler
To slam on brakes / To pull up short → piler (**brakes** → les freins)
Left-hand drive → conduite à gauche (**right-hand drive** → conduite à droite)
Tailgater → quelqu'un qui vous colle au cul
To run / To go through a red light → griller un feu rouge
To pass → doubler
To merge → s'insérer dans la circulation
To cut in → faire une queue de poisson
Watch out! / Careful! Attention !
To lose temper → perdre patience, s'énerver
Road rage → comportement agressif et dangereux au volant
To yell out the windows → crier par les fenêtres

Defensive driving / Preventive driving → conduite préventive et pacifique (autrement dit, le contraire de ce qui nous intéresse)

Commençons par les plus universelles. Relativement inoffensives, elles ont été plus ou moins banalisées par des décennies de pratique. Pas de Papy Mougeot à l'horizon (spécialité française), mais il y a tout de même de quoi faire.

N. B. Pensez à adapter votre discours en fonction de l'âge de vos passagers ! Les termes suivis du pictogramme suivant ☻ sont **children-friendly**.

Asshole / A-hole! → Trou du cul ! (À prononcer comme Kevin Kline dans *Un poisson nommé Wanda* : **ASSHOOOOOLEEEEE**)
Moron → connard
Idiot ☻ → idiot
Dumbass → imbécile
Jackass → abruti
Putz ☻ (US) → crétin
Schmuck ☻ → pauvre type
Maniac ☻ → taré

Freaking lunatic! → Espèce de malade !

Pour plus d'effet, n'hésitez pas à joindre le geste à la parole : **giving the finger**, **flipping the bird**, ou **flicking people off**, autant de façons de faire un bras / doigt d'honneur ! Attention, les oreilles chastes à l'arrière ont aussi des yeux…

Une fois que vous maîtrisez les basiques pour les urgences, le vocabulaire peut varier selon votre humeur et la gravité de l'offense.

Amical :

Champ / Ace → champion
Chief → chef
Hey buddy → Hé, mec (mon pote) !
Old sport → mon vieux
(Bien entendu, dans ce contexte, tous ces termes sont légèrement ironiques.)

Zen :

Hey, Mr-20-miles-an-hour, gonna drive any time soon? → Alors, Monsieur 20-à-l'heure, on va se décider à avancer un jour ?
Let's go, children! → Allez les enfants, on avance ! (À ce lambin de conducteur qui traîne devant vous.)
Take your sweet time → Surtout, prends ton temps. (Traîner, lambiner : **Lollygagging / Tootling around**)
You can do it! → Tu peux y arriver !
Almost got it! → Loupé !
Nowhere to go and all the time to get there. → Nulle part où aller et pas pressé d'arriver.

Responsable (avec des enfants à l'arrière) :

Wally UK → andouille
This one is driving like grandma / This is grandma! → En voilà un qui conduit comme Mamie / On dirait Mamie !
Slow poke → lambin
Watch out, idiots on parade! → Attention, les débiles sont de sortie !

Some people really shouldn't drive → Certaines personnes ne devraient pas avoir le droit de conduire. (Se dit de préférence à une personne issue des stéréotypes suivants : femmes, Asiatiques, voire femmes asiatiques – **double whammy**, jackpot, comme dirait l'autre –, conducteurs arborant les plaques d'un autre État, personnes âgées…)

Taquin :

Still learning, uh? → Alors, encore combien de leçons ?

Nice car! Now learn how to drive it → Sympa, la voiture ! Dommage que tu ne saches pas la conduire.

What, are you waiting for a certain shade of green? → Tu attends quoi, du vert foncé ? (Littéralement : Tu attends une autre nuance de vert ?)

Ou, sa variante : **That's as green as it's gonna get!** → Ce vert-là ne te plaît pas ? (Littéralement : Ça ne va pas devenir plus vert !)

I'm sorry your dick should be so small, buddy → Désolé pour toi, mec, tu dois vraiment avoir une petite bite… (Se dit aux hommes au volant de SUV ou autres grosses cylindrées.)

I hope you don't fuck like you drive, sweetheart → J'espère que tu es meilleur(e) au lit qu'au volant, chéri(e) !

Teigneux :

Church people → Ni tout à fait bigots, ni tout à fait grenouilles de bénitier, **church people** s'applique aux fidèles à la sortie des églises, volontiers à la traîne.
Gerro → diminutif de **geriatrics**, à l'attention des personnes âgées.
Funeral procession right ahead! → Cortège funéraire droit devant ! (Lorsque le conducteur visé est âgé.)

Stressé du volant :

Get off my ass, moron → Arrête de me coller au train / Garde tes distances, ducon.
This prick is riding my tail → Ce connard me colle au cul !

Pressé :

Move it! → Magne-toi le derche !
Get the fuck out of my way! → Dégage de mon chemin !
Put the car in gear → Allez, on enclenche la première.
Take it out of first gear → Allez, on passe la seconde.
Did your car not come with an accelerator? → Et l'accélérateur, c'était en option ?
It's the pedal on the right, you know → C'est la pédale de droite, tu sais ! (Ou : **See the skinny pedal on the right? It's the gas pedal, use it!** Tu vois la petite pédale, à droite ? C'est l'accélérateur, vas-y, essaye ! Ou, plus direct : **Try the pedal on the right, asshole!** Pédale de droite, ducon !)

Familier :

Old codger → Se pourrait-il que ce soit lui le plus proche de notre Papy Mougeot ? **Old codger** est un joli pléonasme, **old** signifiant vieux, et **codger**, vieux type…
Come on, old man → Allez, papy !
What's your deal, twit-boy? → C'est quoi ton problème, mon gars ?

Agressif :

Fuck off! → Dégage, bouge de là !

Get that piece of shit off the road! → Vire-moi ce tas de ferraille ! (**Piece of shit** se dit aussi **POS**.)

Motherfucker → enculé

Dillhole → dérivé de **dickhole**, sorte de trou du cul, version politiquement plus correcte utilisée dans la série *That's 70's Show.*

Tosser (UK) → branleur

Wanker (!) (UK) → *idem* (légèrement plus fort que **tosser**)

Fuckstick → crétin

Crummy fuckhead → gros enculé (**crummy** → minable)

Asshead → connard

Asswipe (!) → *idem* (évoque le geste de se torcher le derrière)

Big turd on wheels (!) → gros étron sur roues (plus simplement, **turd** signifie aussi connard)

Buttnugget → désigne les résidus de matière fécale autour de l'anus

Fuckwit → abruti, pas très futé et pas non plus très sympathique

Dipshit → connard (ou **dipstick**, plus soft)

Et pourquoi ne pas générer vos propres insultes personnalisées ?

Prenez un terme dans chacune des colonnes ci-dessous et mettez-les à la suite. Si l'expression n'est pas assez longue à votre goût, revenez en arrière à partir de la deuxième colonne.

Goddamn	**asshole**	**foul**	**twat**
Fucking	**dipshit**	**slow poke**	**wanker**
You	**freaking**	**senile**	**turkey**
Son-of-a-bitching	**putzing**	**assface**	**fuckstick**
Shitty	**crummy**	**old**	**fuckhead**

À vous de jouer !

Le blaireau du métro

Vous n'avez pas de voiture ? Glissez-vous dans le premier bus, le premier couloir de métro, le premier train à votre portée, de préférence en **rush hour** (heure de pointe). Là, le terme « collectif » retrouve son sens premier : on partage tout dans les transports !

Il y a ceux qui prennent toute la place :

Dork → boulet (terme plutôt affectueux, réservé aux gentils boulets)
Don't mind me! → Ça va, je vous dérange pas ?
I don't have all day, dude → Hé, vieux, j'ai pas toute la journée.
This is my foot, fuckface! → Tu me marches sur le pied, connard !
Shift up UK **/ Shove over, you idiot** → Dégage de là, imbécile !
It's butts to nuts in here → expression plutôt vulgaire pour signifier que l'entrejambe de ces messieurs entretient une relation de promiscuité avec les fesses des autres passagers

Ceux qui se croient tout seuls :

Hey, spare us the details → Épargne-nous les détails ! (À celui ou celle qui raconte sa vie au téléphone.)
You selfish prick! → Sale égoïste. (À celui ou celle qui reste planté(e) devant une femme enceinte ou un vieux monsieur.)

Ceux qui confondent transports et speed dating :

Get lost! → Va te faire voir !
Leave me alone, you pervert / perv → Laisse-moi tranquille, pervers.
Clear off, sicko! → Dégage, espèce de malade ! (Pour celui qui vous colle d'un peu trop près.)
Dirty old pig → Gros dégueulasse (si celui-ci a des gestes déplacés)
Go fuck yourself → Va te faire foutre !

Mais le pire, quand on est déjà en retard, c'est cet **unbelievable loudspeaker** qui vous annonce un accident voyageur...

Your mum! → C'est toi, l'accident voyageur !
"Unspecified delay", my ass! → « Retard indéterminé » ? Mon cul !
You're lucky you're not in front of me → Tu fais bien de ne pas te montrer.
I hate you, I hate your father, and the father of your father! → Je crache sur toi, je crache sur ton père, et sur le père de ton père (**hate** → haïr).

LES VOISINS
PAS DE QUARTIER

•

C'est vrai, on est bien content quand Mme Bertrand nous prête son moule à tarte ou quand M. Durand vient réparer notre machine à laver. Mais parfois, au fond, on serait mieux sur une île déserte.

Vous voulez avoir la paix ? Commençons par poser le décor :

Neighbour UK **/ Neighbor** US → voisin
Neighbourhood UK **/ Neighborhood** US → quartier
Block → pâté de maisons
Fence → clôture (**electric fence** → clôture électrique)
Lawn → pelouse
Building → immeuble
Skyscraper → gratte-ciel
Flat UK **/ Apartment** US → appartement
Floor / Storey UK **/ Story** US → étage
Semi-detached houses → maisons mitoyennes
Joint ownership → copropriété
To move in / To move out → emménager / déménager

Housewarming party → pendaison de crémaillère
To live in town / in the countryside → vivre en ville / à la campagne
City-dweller / Town-dweller → rat des villes
Countryman → rat des champs
To get along with someone → être en bons termes avec quelqu'un
To be on bad terms with somebody → être en froid avec quelqu'un
Open war → la guerre ouverte

Si l'on choisit ses amis, il n'en va pas de même pour ses voisins. Il faut donc supporter ces illustres inconnus qui n'ont rien, mais vraiment rien en commun avec nous.

Il y a d'abord les nuisances sonores (**noise pollution**) :

Are you gonna stop this mess? → C'est pas bientôt fini, ce bordel ?
Turn. Off. The. Fucking. TV. → Tu vas l'éteindre, ta télé ?
Next thing I do, I'm gonna call the cops, you little pricks! → Si ça continue, j'appelle les flics, bande de petits merdeux !

Shut up, cocksuckers! → Fermez-la petits enculés !
Voire, plus efficace : **Shut the fuck up!**
Go to bed, scoundrels! → Allez vous coucher, bande de vauriens ! (Un peu **old-fashioned**.)
You really piss me off, you and your lawnmower! → Tu nous les brises, avec ta tondeuse !
I'll make you eat your fucking rooster! → Je vais te le faire bouffer, ton coq !
One more blow of the hammer and you're dead, asshole! → Encore un coup de marteau et tu es un homme mort, sale con !
I don't need an update for every orgasm you get, bitch! → Inutile de me faire savoir quand tu as un orgasme, pouffiasse !

Mais il peut s'agir aussi de voisins quelque peu envahissants :

Gasbag / Windbag → moulin à paroles
A pain in the ass → un vrai emmerdeur
Pisser → chieur
Loudmouth → grande gueule / commère

Aren't you sick of prying? → Vous n'en avez pas marre d'espionner tout le monde ? (**Eavesdropping** → laisser traîner ses oreilles)
Mind your own business → Occupez-vous de vos oignons.
Old gossip → vieille commère (voir **loudmouth**)
Stalker → qui surveille ses voisins de très près, à la limite du psychopathe (**freak**)

Sans parler du choc des générations (**generation gap**) :

Codger / Old codger → vieux croûton
You're getting on my nerves, geezer (US) **!** → Tu me cours sur le système, vieux schnock !
Old bat → vieille chouette
Wrinkly old woman → vieille peau fripée
Old fart → vieux con (littéralement → vieux pet)
Geriatric → ancêtre
Fogie → vieux grincheux
Go find a job, tossers → Allez plutôt vous trouver du boulot, bande de petits glandeurs.
Dummy → petit con
Tyke → crapule, vaurien

Punk → voyou
Douche → idiot
Boot → bleu

Ou du fossé culturel (**culture gap**) :

Redneck → cul-terreux ; désigne à l'origine les paysans, qui avaient le cou (**neck**) rouge (**red**) à force de travailler au soleil
Pleb / Peon → prolo
Sloaney UK / **Preppie** US / **Bourgie** → BCBG
Prude / Prissy → collet monté
Tight ass / Tight arse → coincé(e) du cul
Tightwad → radin, pingre

Ou encore des mœurs différentes :

Sleazy → louche
Lowlife / **Low-life** → dépravé
Ratchet → traînée (plus exactement, une fille qui boit beaucoup et couche facilement)
Walk of shame → la marche de la honte – le chemin qu'une fille doit faire au petit matin, habillée et maquillée

comme la veille, pour rentrer chez elle après avoir découché

Slut / Whore Ⓤ (voire **slore**, la contraction des deux ou **slunt**, mélange de **slut** et de **cunt**) → salope

Alky / Alkie → poivrot

Have you been released for good behaviour? → On t'a relâché(e) pour bonne conduite ?

Et si on veut faire vraiment mal, on vise les enfants ! Attention, terrain glissant.

Your son is such a retard → Votre fils est totalement attardé.

Don't you think you missed something in their education? → Et vous êtes fiers de leur éducation ?

Do you really think your nerd of a son is going to find a job? → Vous pensez vraiment que votre asocial de fils va trouver du boulot ?

Everybody knows your daughter is not shy → Tout le monde sait que votre fille n'est pas farouche.

How about your son? Still a junkie? → Et votre fils ? Toujours drogué ?

Mais en matière de voisins, ce sont encore les filles de Wisteria Lane qui en parlent le mieux :

Gaby, those kids of yours are turning into serial killers before our very eyes. (*Desperate Housewives*, Mrs. McCluskey, saison 8, épisode 22)
Gaby, tes enfants sont en train de devenir des serial killers en puissance juste sous tes yeux.

What is that… Five guys in a week? Is she starting a basketball team? (Lynette, saison 8, épisode 13)
Sérieux, cinq mecs en une semaine ? C'est quoi, son délire, elle monte une équipe de basket ?

I'd stay and say hi but that would involve a lot of listening and sad nodding. (Gaby, saison 8, épisode 4)
Je serais bien passée dire bonjour, mais après il faudrait que j'écoute toutes ses histoires en prenant un air compatissant.

I've got a new book title for you – *Your Husband's Banging Somebody.* (Renee, saison 8, épisode 4)
J'ai un titre à te proposer pour ton prochain livre : *Ton mari couche avec une autre.*

ENTRE PARENTS
GRANDS ENFANTS

•

Pas besoin d'être voisins pour se déclarer la guerre ! À la sortie de l'école, c'est souvent à qui aura le plus beau, le plus fort et le plus intelligent de tous les enfants ! Mais votre but, n'est-ce pas de les éduquer ? De leur apprendre la vie ? Alors montrez-leur de quoi vous êtes capable.

Parent Teacher Association (PTA) → association de parents d'élèves
Son / Daughter → fils / fille
Our little darlings → nos chères têtes blondes
To be as proud as a peacock → être fier comme un coq (**peacock** → paon)
Haughty → hautain
To boast / To brag / To swagger / To bluster → se vanter
To gloat → jubiler
To give oneself airs → se donner des airs
To show off → crâner, faire étalage
To criticise UK **/ To criticize** US → critiquer
To be getting at each other → se tirer dans les pattes

To give a tongue-lashing to someone → tailler un costard à quelqu'un
To give a dressing-down to someone → rhabiller quelqu'un pour l'hiver
To compare somebody to → comparer quelqu'un à
To attack → attaquer
To reply → répliquer, riposter
To make cutting remarks → lancer des piques
To have a go at somebody → voler dans les plumes de quelqu'un

Vous pouvez commencer par des petites remarques insidieuses :

Love is blind → Quand on dit que l'amour rend aveugle.
He's not exactly top of his class → Ce n'est pas comme s'il était le premier de sa classe.
The level may be too high for her → Le niveau est peut-être trop élevé pour elle.
You're not the most objective person on earth → Vous n'êtes pas un modèle d'objectivité.
A proper upbringing is so important → L'éducation, c'est tellement important.

There's nothing to be proud of → Il n'y a pas de quoi être fier.

Mais il arrive que le ton monte...

Tyke / Punk / Scoundrel → vaurien, chenapan

Shut up, you and your venomous tongue! → Fermez-la, langue de vipère !

Set your own house in order, snooty cow → Mêlez-vous de ce qui vous regarde, pimbêche.

Thanks for your advice, you lout → Rien à foutre de tes conseils, pignouf.

I know how to raise my child, dork! → Je sais comment élever mon enfant, imbécile !

My daughter is fine, but you should really see someone → C'est vous qui devriez voir un psy, pas ma fille.

Don't push me, trollop → Ne me cherche pas, espèce de traînée.

Et après un incident dans la cour de récré, on ne sait plus très bien qui sont les adultes et qui sont les enfants !

Uncouth → mal dégrossi
Rude → grossier, gougnafier
Bully → brute
Your son is a dead beat! → Votre fils est un cas social !
Your daughter is nothing but a slob! → Votre fille est une vraie souillon !
Your stupid son started the fight! → C'est votre crétin de fils qui a commencé.
Tell him to behave → Dites-lui de se calmer un peu !
The little critter, she stole my daughter's lunch! → Cette petite peste a volé le déjeuner de ma fille ! (Aux États-Unis, les parents glissent une lunch-box dans le cartable de leur enfant avec déjeuner et goûter.)
I know what I saw → Je sais très bien ce que j'ai vu / Puisque je vous dis que je l'ai vu.
Watch your step, moron → Fais gaffe, ducon !

Enfin, après tout ça, ne soyez pas étonné si votre petit ange insulte ses profs…

LE PROF
TESTÉ ET ÉPROUVÉ

•

Justement, vous vous souvenez de ce **pain in the ass** de **teacher** qui vous en a fait baver toute votre scolarité ? À l'époque, vous ne manquiez pas d'idées pour lui répondre quand il vous humiliait devant toute la classe. Qu'en est-il aujourd'hui ?

Allez, ouvrez vos cahiers, petite leçon de vocabulaire.

Classroom → salle de classe
Lecture hall / theater → amphi
Teacher / Students → le prof / ses élèves
To teach / To learn → enseigner / apprendre
To sit / To take an exam → passer un examen
To pass an exam → réussir un examen (attention, faux ami)
With honours UK **/ honors** US → avec mention
To fail → échouer
Resit an exam / Retake an exam → aller au rattrapage
A-levels UK **/ High-school diploma** US → le bac
To revise / To go over → réviser

To cram / To swot up (UK) **/ To bone up** (US) → bachoter
To have the jitters → avoir le trac
To go to the front of the classroom → aller au tableau
Dunce → cancre (**Dunce's cap / Dunce's hat** → bonnet d'âne)
Scapegoat → bouc émissaire
The teacher's pet → le chouchou du prof
To suck up to somebody → faire de la lèche à quelqu'un
Ass-kisser → lèche-cul

Lundi, 8 heures, vous avez cours de maths. Avec la vieille chouette qui terrorise les élèves depuis des générations. (Mais quand est-ce qu'elle va enfin prendre sa retraite ?!)

Neurotic → névrosée
Uptight → coincée
What she needs is a good screw! → Quelle mal baisée, celle-là ! (Variantes : **She needs a good seeing to / She's not getting any / She's not getting it.**)
She has a chip on her shoulder → Elle en a après tout le monde.
She must be suffering from PMS → Elle doit avoir ses ragnagnas.(**PMS** → **Pre-menstrual-syndrome**)

She has a pickle / carrot up the ass → Elle a un balai dans le cul.
Calm down, old freak! → Détends-toi, espèce de vieille hystérique !
Kook → variante de **freak**, dégénérée
I hate you, old bag! → Je te déteste, vieille peau !
Go die, old trout! → Va mourir, vieille morue !

Il est 10 heures, le prof de français vous attend. Et, comme on dit, il a l'esprit mal tourné. Il voit toujours des références sexuelles dans les textes les plus innocents :

Sex maniac → obsédé
You've got a one-track mind → Vous ne pensez vraiment qu'à ça.
Perv / Pervert (!!) → pervers
Psycho / Sicko → psychopathe
Old pig (!!) → vieux dégueulasse
Lewd → obsédé, lubrique

Et l'après-midi, le calvaire continue avec le prof de physique, qui n'a pas vraiment la vocation…

Failure → loser
Loser → Se passe de commentaires
Born loser → loser né
Bitter / Embittered → aigri
Wannabe → personne qui voudrait être quelqu'un d'autre (contraction de **want to be**)
Those who can… → T'es qu'un petit prof de merde ! (Contraction de l'expression **Those who can, do. Those who can't, teach** → Il y a ceux qui agissent et ceux qui enseignent.)

Puis avec le prof d'histoire-géo, aussi **dusty** (poussiéreux) que ses cours…

Old mummy → vieille momie
Foulbreath / Dinobreath → pue-du-bec, avec son haleine de chacal
Your lessons are rubbish! → Vos cours, c'est de la merde !
You need a serious update → Vous auriez besoin d'une bonne mise à jour.

Manquait plus qu'une hystérique pour le cours de musique…

Eccentric → excentrique
Weirdo → allumée
Freak → barge
Happy-go-lucky / Merry-go-lucky → insouciante
You're just a babysitter → C'est vous, notre nouvelle nounou ?

Et votre prof d'anglais ? Rien de mieux que de lui parler dans un langage qu'elle comprend. Elle sera très certainement outrée, mais elle ne pourra que louer vos efforts !

Insulter comme un honnête shakespearien*

On le connaît surtout pour ses romances à la *Roméo et Juliette*, ou pour ses digressions philosophiques façon *Hamlet*. Et pourtant, rares sont les auteurs qui, du fond du XVIe siècle, auront su créer une telle base de données d'insultes, à la fois délicieusement surannées et incroyablement modernes. Amateurs de bons mots et d'expressions vieillies, suivez le maître.

Mais comme on ne parle plus tellement la langue de Shakespeare entre amis, voici d'abord quelques clés de compréhension :

Thou → You
Thy → Your
She hath → She has

Roméo et Juliette, Acte V, scène 3
Thou detestable maw, thou womb of death! → Horrible gueule, matrice de la mort !

Othello, Acte III, scène 3
Damn her, lewd minx! → Qu'elle soit damnée, l'infâme traîtresse !

---

* Toutes les traductions de ce chapitre ne sont pas de nous et sont protégées par la licence Art Libre 1.3 (LAL 1.3)

Hamlet, Acte II, scène 2

It appears no other thing to me than a foul and pestilent congregation of vapours → Il ne m'apparaît plus que comme un noir amas de vapeurs pestilentielles.

Macbeth, Acte I, scène 3

Rump-fed ronyon → Maigrichonne nourrie de croupions.

Le Roi Lear, Acte II, scène 4

Thou art a boil, a plague sore, an embossed carbuncle in my corrupted blood → Tu es un abcès, un ulcère douloureux, une tumeur enflammée, produit de mon sang corrompu.

Tout est bien qui finit bien, Acte V, scène 3

This woman's an easy glove, my lord, she goes off and on at pleasure → Cette femme est souple comme un gant, monseigneur. Elle se tourne et se retourne à loisir.

La Mégère apprivoisée, Acte IV, scène 1

Away, you three-inch fool! → Au diable, fou de trois pouces !

Les Deux Gentilhommes de Vérone, Acte II, scène 4

If you spend word for word with me, I shall make your wit bankrupt → Monsieur, si vous dépensiez avec moi parole pour parole, j'aurais bientôt fait faire banqueroute à votre esprit.

Acte III, scène 1
She hath more hair than wit, and more faults than hairs, and more wealth than faults → Elle a plus de cheveux que d'esprit, plus de défauts que de cheveux, et plus d'écus que de défauts.

Le Marchand de Venise, Acte I, scène 2
When he is best, he is a little worse than a man, and when he is worst, he is little better than a beast → Lorsqu'il est au mieux, il est un peu plus mal qu'un homme, et quand il est le plus mal, il est tant soit peu mieux qu'une bête.

LE FONCTIONNAIRE
– ET TA MÈRE ?

•

« Nous voulons le laissez-passer A-38.

– Adressez-vous au guichet 1, couloir de gauche, dernière porte à droite [...]

– Nous cherchons le guichet 1.

– Consultez le plan, au sixième étage [...]

– Nous désirons obtenir le laissez-passer A-38.

– On vous a mal informés, vous devez vous adresser au guichet 2.

– Ici, à côté ?

– Non, ça c'est le guichet 8. Le guichet 2, je ne sais pas où ils l'ont mis. Consultez l'huissier. »

Dans *Les Douze Travaux d'Astérix*, les fonctionnaires font l'objet d'une épreuve à part entière. C'est vrai, on ne peut rien leur dire sous peine de voir sa demande rejetée aux calendes grecques. Rien ? C'est ce qu'on va voir...

Soyons tout de même précis sur la terminologie à employer :

Civil servant → fonctionnaire
The Civil Service → l'Administration (par opposition à **private enterprise**)
To enter the Civil Service → entrer dans l'Administration
Public service / State-controlled organization → service public (**organisation** au Royaume-Uni)
Postal worker → postier
Ticket inspector → contrôleur
Employment agency / bureau → Agence pour l'emploi
Counter / Window → guichet
To wait one's turn → attendre son tour
To hang around → poireauter
To queue up UK **/ To stand in line** US → faire la queue
To fill in an application form → remplir un formulaire
To apply for → faire une demande
To grant / To turn down a request → accepter / refuser une demande
Bumf UK → paperasse (de **bum fodder**, le papier cul)
Administrative delays → lenteurs administratives
Job security → sécurité de l'emploi
Office hours → horaires de bureau

Et pour nous Français, **To work 35 hours a week** → être aux 35 heures

Le problème avec les fonctionnaires, c'est qu'ils ont une fâcheuse tendance à prendre tout leur temps…

Cherry-picker → fainéant
Lazy bum / Lazy arse (UK) → grosse feignasse
Wanker → branleur
I don't have all day, moron → J'ai pas toute la journée, bouffon.
Get a move on / Get cracking, numpty → Grouille-toi, triple andouille.
Give me the damn paper, now! → Donne-moi ce putain de papier !
You're just useless → Mais à quoi tu sers à la fin ?
We're our own best advocates → On n'est jamais mieux servi que par soi-même.
You're a fucking clown → Guignol !
Piece of shit → pauvre merde
What are you paid for, porker? → T'es payé à faire quoi, gros tas ?
Shake yourself up, lardass! → Secoue-toi un peu, gros lard ! (Ou **Fatass / Fatso** → bouboule)

You must be exhausted with all the work you do, beanpole → Tu dois être épuisé, avec tout ce travail. (**Beanpole** → maigre à la limite de la laideur)
Not so fast, you might hurt yourself! → Tu vas te fouler une phalange, à taper si vite !

Et leur fonction leur donne parfois l'impression d'être des gens très importants…

Bozo → incompétent
Don't get your panties in a twist (UK) **/ in a bunch / in a wad** → C'est bon, n'en fais pas tout un fromage.
You really think the sun shines out of your ass? → Tu te prends pas pour de la merde ! (Variante un peu moins grossière → **You think you're God's gift to the world?** Tu t'es cru sorti de la cuisse de Jupiter ?)
Don't be so full of yourself, asshole → Tu pètes vraiment plus haut que ton cul.
Are you taking the piss, dipshit? Tu te fous de moi, petit con ?
You're not the Queen Mother, cuntbag (!!) **!** T'es pas la reine d'Angleterre, sac à foutre !
Why are you getting on your high horse? Pas la peine de monter sur tes grands chevaux !

Hotshot → crâneur
Disgusting pus-filled buboe → immonde furoncle infecté de pus

Quand ils ne sont pas butés à l'excès :

Narrow-minded → étroit d'esprit
Obtuse prick → gros con borné
Stubborn / Mulish → buté
Slow on the uptake → long à la détente
Dork → pauvre type
Insufferable prat → crétin insupportable
Douche → connard
Are you being intentionally stupid? / Are you being deliberately obtuse? → Tu le fais exprès ?
Do I make myself clear, jackass? → Il faut te le dire combien de fois / Je me suis bien fait comprendre, abruti ?

Le pire, c'est quand ils font du zèle :

Ass-kisser / Brown-noser / Boot-licker → lèche-cul
Butt-licking → faire de la lèche
Asswipe (!!) → papier cul

Downner / Wet blanket → empêcheur de tourner en rond
Nitpicker → enculeur de mouches
Can't you be a little flexible, dickhead? → Ça te ferait mal d'être un peu souple, tête de nœud ?
Drip → chieur

Mais c'est à la série british *Red Dwarf*, connue pour son vocabulaire injurieux, que revient la palme de la meilleure citation : **You small-minded, bureaucratic, cowardly little person** (espèce de petit bureaucrate lâche et étroit d'esprit).

Et le flic dans tout ça ? Ne croyez pas que nous l'ayons oublié, mais parce qu'il est un peu le roi dans cette jungle de fonctionnaires, il méritait un chapitre à lui tout seul (voir page 143).

SIGNES DE RECONNAISSANCE

ENTRE AMIS
TOUT EST PERMIS

•

Eh non, les insultes n'ont pas toujours pour fonction d'offenser ! Dans cette partie, les termes sont plus familiers qu'insultants. Attention toutefois à les utiliser dans un contexte approprié : il est déconseillé d'aborder un grand Noir dans la rue avec un **Wassup nigga** sonore, à moins de pouvoir soi-même justifier d'origines africaines.

Il y a d'abord tous ces termes usuels à connaître impérativement si l'on veut se fondre dans la masse :

A group / A bunch of friends → une bande d'amis
BFF / Best Friend Forever → votre meilleur(e) ami(e)
To skip school / class → sécher (**to play hooky** → faire l'école buissonnière – vieilli)
To go to college / uni → aller à l'université
To hang out → sortir, traîner
To date → sortir avec quelqu'un
To boast / To brag about something → se vanter de quelque chose

To goof off / To be goofing around / To act (like a) panzie → faire le con (**goofy** → celui qui fait le con)

To be broke → être fauché

Fuck! → Putain !

Bloody... (UK) → putain de... / foutu...

Shit → merde

... Your mum → équivalent de notre « C'est ta mère », ou, plus vulgaire, « Dans ton cul ! » ; exemple: **Who the hell are you? – Your mum.**

Janky → ... de merde

Lame (UK) **/ Gimp** (US) → selon le contexte, nul, naze, foireux, bidon

Dodgy → douteux, suspect

Zilch → que dalle

Gross → dégueu

It pisses me off → Ça me fait chier

Gnarly! (US) → Ça déchire ! (terme fréquemment utilisé dans le milieu des surfeurs)

My bad → C'est ma faute.

Commençons par les mots doux :

Man → mec
Buddy / Dude / Mate (UK) → mon pote
Nigger / Nigga (!!) → négro (comme dit plus haut, ce terme est à utiliser avec une grande parcimonie si vous êtes plutôt de type caucasien)
Motherfucker → enfoiré
Bitch / Biotch → salope (le français a plutôt consacré le terme **biatch** plutôt que **biotch**)
Dumb blonde → blondasse
Bell end / Bellend (UK) → boulet, tête de nœud (littéralement: le gland)

Tous ces termes peuvent se dire très affectueusement entre amis.

Pour l'humour à deux balles :

Dingbat / Divvy (UK) **/ Dope** → andouille, crétin, bébête
Douche → con
Retard → demeuré (Mais qu'il est con !)
Prat (UK) → andouille

Berk UK **< Twonk < Gimp** → *idem*, du plus soft au plus péjoratif

Lame → trop nul, naze. Se dit plus comme une interjection que comme une insulte directe, dans le sens « C'est nul », « C'est naze ».

Pillock UK → couillon

Pour les intellos :

Smart arse UK **/ Smart ass** US → petit malin, je-sais-tout (**Since you're such a smartass…** → Puisque tu es si malin…)

Geek → intello / blaireau. Le **geek** désigne une personne qui a une compétence réelle dans un domaine précis (informatique, jeux vidéo), mais qui a du mal à s'intégrer dans la société.

Dweeb → le **dweeb**, lui, est plutôt l'intello de base, en décalage avec les autres parce que trop sérieux en cours.

They're gonna blow the curve! → Se dit lorsqu'il y a plusieurs étudiants asiatiques dans une même classe, qui ont la réputation d'être tellement doués qu'ils faussent les moyennes avec leurs bons résultats.

Pour les gros lourds :

Gooseberry → celui qui tient la chandelle, l'ami qui ne se rend pas compte qu'il est de trop
Bum → lourdingue
Tool → abruti
Toolbag → équivalent de **tool**, mais en pire
Spanner → débile, boulet
Sod → casse-bonbons (**Sod off** → Va te faire voir.)
Just go do drugs → Va te jeter, va te pendre (Littéralement → T'as plus qu'à aller te droguer.)
You're a fail → Tu sers vraiment à rien. (Réplique : **So was your Dad's condom** → Les capotes de ton père non plus, on dirait.)

Pour les petites natures :

Lightweight / Lig → qui ne tient pas l'alcool (plus insultant pour un garçon que pour une fille)
Chicken → poule mouillée
Pussy → chochotte, femmelette

Pour les fleurs bleues :

Quand un de vos amis donne dans le sentiment (**gets sentimental**), s'il vous avoue qu'il écrit de la poésie ou qu'il a acheté le dernier album de Céline Dion, vous pouvez commencer par lui donner un nom de fille (exemple : Louis → Louise).

Cheesy / Cheesey → nunuche, cucul

Vagina → vagin (pour un garçon, **of course**)

Pour les vantards:

Gasbag / Windbag → quelqu'un qui parle énormément, mais souvent pour ne rien dire

Your only date is your hand → Le seul rencard que tu as, c'est avec ta main.

Better at sex than anyone; now all he needs is a partner → C'est le meilleur coup qui soit; dommage qu'il n'ait jamais eu de partenaire pour le prouver !

Pour les scato :

Dingleberry → Comme son synonyme **buttnugget**, **dingleberry** évoque les résidus de matière fécale autour de l'anus (→ trace de pneu).
Fart-smeller → qui hume ses propres pets
Butt-sniffer → qui renifle le derrière des autres
Scab-eater → qui se nourrit de ses propres excréments
Pus-sucking / Pus-licker → qui lèche le pus
Coprophagiac → *idem*

Pour les dépressifs :

Killjoy / Spoilsport → rabat-joie
Debbie Downer → personnage du *Saturday Night Live* (émission américaine) connu pour ses interventions sinistres qui plombent l'ambiance
Charlie Brown → petit garçon maladroit et déprimé de la BD *Peanuts* (qui partage la vedette avec son chien Snoopy)
Sad sack → pauvre type, minable, sinistre
Emo (to be all emo) → inspiré de la musique du même nom, née dans les années 1980, qui s'adresse à un public

de jeunes émotifs (pour dire le moins), proches de la vague gothique

Pour les différences sociales :

Redneck → plouc
Bourgie / Toff → bourge, richard
Preppy / Preppie / Sloaney → BCBG, gosse de riches (souvent repérable à leur style vestimentaire)

Pour les hippies :

Pothead / Stoner → camé, fumeur de shit (gros consommateurs)

Mais vous connaissez le dicton, **Keep your friends close and your enemies closer** : Restez proche de vos amis, et plus encore de vos ennemis. Les termes qui s'appliquent aux uns s'appliquent aussi très bien aux autres ! Vous noterez donc que certains restent le cul entre deux chaises, impossibles à départager entre petits surnoms et vraies insultes.

Les mots (moins) doux :

Ass → gros con
Asshole / A-hole → trou du cul
Son of a bitch / Sonofabitch → fils de pute
Dickhead → tête de nœud
Bonehead → crétin
Fucker → enfoiré

Pour les minables :

Douche / Douchebag US → connard, gros con
Dick → con (littéralement : bite)
Prick → con, connard (bite)
Twat UK → con, connard (bite également ? ah non, chatte)
Prat UK → abruti
Scum (!) → raclure de bidet, salopard (**scum of the Earth** → rebut de l'humanité)
Dork → pauvre type
Gimp US → pauvre tache
Tosser UK → glandeur (littéralement → celui qui se masturbe)
Wanker (!) UK / **Wanksta** → branleur (plus vulgaire que **tosser**)

Ruthless ratbag (UK) → sale minable
Skeez (!!) → porc, gros dégueulasse
Rodent → fouine (rongeur)

Pour les plus horripilants :

Jerkoff → gros con (**to jerk off** → se branler)
Twatwaffle → le relou de base
Scrub → loser
Git (UK) **/ Dead git** → chieur
Goit → *idem*, en un peu plus bête

Pour les traîtres :

Snitch / Rat → balance
Double-dealing rat → fourbe
Two-faced → hypocrite
Judas
Flake → pas fiable, à qui on ne peut pas faire confiance (**to flake off** → se faire la belle)
Oh, and by the way, I banged you sister / mother / cousin the other day, she loved it. → Au fait, je me suis fait ta sœur / ta mère / ta cousine l'autre jour et

je peux te dire qu'elle a adoré. (Dans bien des cultures, évoquer des rapports sexuels avec la mère / sœur / cousine ou n'importe quel membre de la famille de votre interlocuteur est une offense suprême.)

Pour les cas sociaux :

Nerd → asocial
Freak → malade
Psycho / Sicko → psychopathe
Weirdo → cinglé
Nut / Nutter → timbré
Kook → taré (chez les surfeurs, **kook** est l'équivalent de **dork**, un individu un peu pathétique qui se fait passer pour ce qu'il n'est pas – en l'occurrence, un bon surfeur ! Voir encadré sur le surf lingo page 97.)

La blonde de base

Facile de s'en prendre à la blonde, n'est-ce pas ? Mais inutile d'être agressif avec elle à grand renfort de **dumbhead**, **shithead** ou **fucktard**, la blonde n'est pas méchante ! Profitons-en pour réviser : comment dit-on stupide en anglais ? **Stupid**, certes, mais aussi…

Silly → bébête
Dumb → idiote
Halfwit → qui n'a pas toute sa tête
Airhead → qui n'a rien dans la cervelle
Birdbrain → cervelle d'oiseau
Ninny → pas fûte-fûte
Gasbag / Windbag → moulin à paroles, qui brasse du vent

Mais si sympathique soit-elle, et même si elle est souvent de bonne volonté, la blonde a mauvaise réputation :

You're really living up to your hair color → Eh bien, tes cheveux ne mentent pas. (Littéralement : Tu es à la hauteur de ta couleur de cheveux.)
Just because you're blonde doesn't mean you have to act like an idiot → Ce n'est pas parce que tu es blonde que tu dois à tout prix te faire passer pour une idiote.
No amount of hair dye will fix this level of stupid → À ce stade, c'est foutu, ce n'est même plus la peine d'essayer de te teindre les cheveux.

Are you stupid because you're blonde, or are you blonde because you're stupid? → Tu dirais que tu es cruche parce que tu es blonde, ou que tu es blonde parce que tu es cruche ?

Way to reinforce the stereotypes → Et voilà comment naissent les clichés (à dire d'un air désabusé).

Do you ever wonder what life would be like if you'd had enough oxygen at birth? → Tu te demandes jamais à quoi aurait ressemblé ta vie si tu avais reçu suffisamment d'oxygène à la naissance ?

If what you don't know can't hurt you, you're invulnerable → Si ta bêtise ne t'a pas encore tuée, c'est que tu es invulnérable.

Pourtant, certaines sont plutôt jolies, à défaut d'avoir inventé la poudre :

Yeah you're pretty, pretty stupid → Ça, pour être jolie, tu es joliment débile ! (Ou, variante : **You're pretty... fucking stupid.**)

I thought you were attractive, but then you opened your mouth → Je te trouvais plutôt séduisante, jusqu'à ce que tu ouvres le bec.

D'autres érigent la bêtise au rang d'art :

Did you ever practice to get to that level? → Tu as dû t'entraîner longtemps avant d'atteindre ce niveau (de bêtise) ?

Aww, it's so cute when you try to talk about things you don't understand → Oooh, tu es trop mignonne quand tu parles de choses que tu ne comprends pas.
You're so stupid, you would trip over a cordless phone → Tu serais capable de te prendre les pieds dans un téléphone sans fil.
Anyone who told you to be yourself couldn't have given you worse advice → Celui qui t'a conseillé d'être toi-même aurait mieux fait de se taire.
I would make fun of you, but I don't think you'd understand it → J'aimerais bien me moquer de toi, mais tu risquerais de ne pas comprendre.
I don't mind you talking, as long as you don't mind me not listening → Je ne vois pas d'inconvénient à ce que tu me parles, si tu ne vois pas d'inconvénient à ce que je ne t'écoute pas.
So you've changed your mind? Does this one work any better? (**To change one's mind** signifie changer d'avis, mais ici il est pris dans le sens littéral de changer de cerveau. La question est : est-ce que le nouveau marche mieux que le précédent ?)

Souvent, elle doit faire face à l'insulte suprême : celle qui fait rimer **smart** avec **arse**.

If you're gonna be a smartass, first you have to be smart. Otherwise you're just an ass → Avant d'être un **smartass** (hors du cadre des insultes, ce terme peut aussi signifier quelqu'un de très brillant !), il faut d'abord être **smart** (intelligent) ; sinon tu es juste **an ass** (un trou du cul).

I'd like to see things from your point of view, but I can't seem to get my head that far up your ass → J'aimerais voir les choses de ton point de vue, mais je ne suis pas aussi souple que toi (autrement dit, je ne peux pas me mettre la tête dans le cul).
Grasp your ears firmly and pull; you might just be able to remove your head from you ass → Attrape tes deux oreilles et tire bien fort. Avec un peu de chance, tu devrais arriver à te sortir la tête du cul.

Pourtant, vous pourriez avoir un peu de compassion pour ce brave spécimen, obligé de survivre avec un unique neurone :

So, a thought crossed your mind? Must have been a long and lonely journey → Alors comme ça, une pensée t'a traversé l'esprit ? Le voyage a dû être long et solitaire.
Don't you have a terribly empty feeling – in your skull? Est-ce que tu ne sens pas un grand vide, des fois – dans ta tête ?
I can almost hear the gears grinding inside your head → Pour un peu, on entendrait presque les rouages de ton cerveau qui se mettent en marche.

Mais attention, la blonde cache parfois bien son jeu ! Ne soyez donc pas vexé si elle vous fait un **comeback** du feu de Dieu.

FRÈRES ET SŒURS
SOUFFRE-DOULEURS*

•

On considère souvent que les personnes ayant le plus de repartie à l'âge adulte sont celles qui ont grandi dans de grandes fratries. Occasions rêvées de se faire la main sans prendre trop de risques, les disputes au sein des familles sont aussi violentes que vite oubliées. Et pour plus de sûreté, prenez-vous-en aux plus jeunes ; le seul danger, c'est qu'ils aillent cafter (**to dob**, **to tell on somebody**)…

Entre **siblings** (frères et sœurs), on tolère la vexation davantage que l'insulte. Mieux vaut donc commencer petit. Profitez-en pour tester la résistance, voir s'il y a du répondant.

Vous pouvez remettre en question…

---

*Tous les termes de ce chapitre sont ☺.

Son âge :

How old are you? → Mais tu as quel âge ?
Don't be such a baby → Arrête de faire ton bébé.
You're being a diaper baby → T'es vraiment qu'un gros bébé.
Grow up → Grandis un peu.
Critter → petit morveux
Bugger (UK) → casse-bonbons
Thumb-sucker → gamin (littéralement → qui suce son pouce)

Sa taille :

Dwarf / Dwarfish... → nain
Gnome / Garden gnome → nain, nain de jardin
You stumpy toad → Espèce de vilain crapaud trapu
Don't you feel vertically challenged sometimes? → Équivalent de notre « personne de petite taille », le côté politiquement correct en moins, **vertically challenged** est un doux euphémisme pour parler d'un nain.

Son intelligence :

Retard / Robin → débile mental
Twit UK **/ Twerp / Twirp** → crétin
Klutz US AUS → empoté
You're so stupid → Tu es vraiment trop bête (se dit avec mépris).
Buffoon → clown, bouffon
Ninny → idiot
And you believed me, sap / saphead? → Et tu m'as cru, débile ? (**Sap = Gullible** → crédule, naïf)
He is living proof that man can live without a brain → Voici la preuve vivante que l'homme peut survivre sans cerveau !
He's not stupid; he's possessed by a retarded ghost → Il est pas vraiment débile, il est juste possédé par le fantôme d'un attardé mental.

Certains termes peuvent même être assez affectueux :

You're so silly → Tu es trop bête (se dit avec le sourire).
Muppet → pitre, clown

Poophead → tournure un peu plus originale que **poobear**, à peu près aussi affectueux que notre « pitchoune » ou « poussin »
Raggamuffin → galopin, hirsute (comme l'enfant qui vient de se lever le matin et qui a les cheveux en pétard)

Les animaux peuvent vous donner de l'inspiration (voir également le chapitre suivant) :

Chicken → poule mouillée
Monkey → petit singe, canaille
Mollusc → mollusque
You sneaky little worm → espèce de sale petit ver de terre (attention, **worm** tout seul signifie « pourriture » et est plus violent qu'il n'en a l'air)

Plus méchant, « l'accident » :

You're an accident → De toute façon, tu es une erreur de parcours.
You're a mistake → Tu n'étais pas voulu.

Son appartenance à l'espèce humaine également (s'ils sont malins, ils vous rappelleront que vous êtes de la même famille, mais encore faut-il pour cela qu'ils soient malins !) :

You're a disgrace to the species → Tu es la honte de l'espèce humaine / le rebut de la société.

How did you get here? Did someone leave your cage open? → Tiens, comment es-tu arrivé là ? Ta cage est restée ouverte ?

CHIENS ET CHATS BOUCS ÉMISSAIRES

•

Carpette, flemmard, gros patapouf, espèce de loque, ingrat, saloperie… Ah ça, vous savez leur parler, à vos fidèles compagnons ! Normal, ils n'y comprennent goutte. Vous pouvez leur dire ce que vous voulez, si vous leur parlez sur un ton plein de tendresse, ils n'y verront que du feu. Des mots d'amour aux pires insultes, pour eux, quelle différence ? *Toutou chéri* ou *va chier crevard*, vous aurez droit aux mêmes regards coulants, aux mêmes frétillements de queue. Allez, soyez honnête : combien de fois avez-vous dit des horreurs à votre bestiole sur un ton doucereux ?

Pets → les animaux de compagnie
Doghouse → niche
Cat box / Cat litter → litière
Bowl → gamelle
Dry food / Kibble / Dog biscuits → croquettes
Treat → gâterie
Kennel → chenil
Go to your bed / basket (ou simplement : **Basket!**) → coucouche panier

Sit → assis
Down → couché
Heel → au pied
Stay → pas bouger
To claw → faire ses griffes
Baring one's teeth → montrer les crocs
To growl → grogner
To purr → ronronner

Dans les listes qui suivent, certaines insultes sont traditionnellement dédiées à une espèce plutôt qu'à une autre. Par exemple, on parlera plus volontiers de **pointless animal** pour un chat – quoique cela corresponde bien au poisson rouge également – ou de **worthless mut** pour un chien.

Votre animal ne gagnera jamais un concours de beauté ?

Toilet brush → balai à chiottes
Lardass → gros tas
Minger → mocheté
Mangey → sac à puces, miteux, mité (plus affectueux → **mangemuffin**)

Uglier than a monkey's armpit → laid comme un singe (**armpit** → l'aisselle)
Baboon's rump → fesses de babouin

Il n'est pas toujours un modèle de propreté ?

You stink → Tu pues.
Dingleberry → caca sur pattes
Filthy → dégoûtant, répugnant (**You filthy rat** → Gros rat dégueulasse.)
Tramp → clodo (pour les fans de *La Belle et le Clochard*)

Pas assez intelligent pour rentrer dans la police ?

You idiot / Fuckmuppet → imbécile
Nitwit → crétin fini
Halfwit → débile, qui n'a pas toute sa tête

Ou simplement paresseux et bon à rien :

You're a bum → Espèce de loque
You pointless animal → Parasite

You worthless mut → Bâtard inutile
Lazy → paresseux
Furball → boule de poils (plus affectueux qu'insultant, mais tout de même, petite connotation condescendante)
Sassy cat → sale teigne (se rapporte généralement aux chats)
Butt-sniffer → Ici, on triche un peu. **Butt-sniffer** ne se rapporte pas spécialement aux animaux, mais on ne pouvait passer à côté du sens littéral, renifleur de derrières. Objectivement, votre chien *est* un renifleur de derrières.

Et si votre animal est vraiment une sale bête (**filthy beast**, **nasty animal**) ? Laissez tomber, les insultes n'y changeront rien. Mais cela vous fait toujours une insulte de plus pour votre voisin !

SUR LE TERRAIN
MINÉ

•

Quoi de plus stimulant et encourageant qu'une bonne petite bordée d'injures ? Les « coachs » à l'américaine l'ont bien compris, et usent d'un vocabulaire coloré pour motiver leurs troupes. Les supporters ne sont pas en reste devant leur petit écran, invectivant leurs héros comme s'ils pouvaient les entendre.

Balisons d'abord le terrain (**the field**) :

Game → un match
Team → l'équipe
The other team → l'équipe adverse
Coach → l'entraîneur
Referee → l'arbitre (se dit plutôt **umpire** au tennis et au cricket)
Fault → faute

Dans un match de **soccer** (football) ou de **football** (football américain), vous entendrez parler de :

Cheerleader → pom-pom girl (attention, selon le contexte, ce terme peut déjà être considéré comme une insulte, nous y reviendrons plus tard)
Goalkeeper → gardien
Yellow card → carton jaune
Hand ball → main (faute)
Substitute's bench → banc de touche
Quarterback → celui qui dirige l'attaque au football américain

Dans un match de **baseball**, vous entendrez parler de :

Baseball bat → batte
Baseball → balle
Base → base
Batter → frappeur
Catcher → receveur
Home run → coup de circuit

Dans un match de **hockey**, vous entendrez parler de :

Ice hockey → hockey sur glace
Field hockey → hockey sur gazon

Stick → crosse
Puck → palet (au hockey sur glace ; le hockey sur gazon se joue avec une balle)
Skates → patins
Time wasting → jouer la montre

Avec ce vocabulaire, vous devriez pouvoir vous fondre dans le décor un soir de match. À présent, il va falloir donner de la voix. Votre cible préférée ? Votre équipe préférée, bien sûr :

You suck! → Vous êtes nuls / Bande de nazes !
Come on, girls, stop lollygagging! → Allez les filles, fini de jouer !
How much did the other team pay you? → Vendus! (Implique que l'équipe adverse aurait acheté les joueurs pour gagner.)
They've got the yips → expression tirée du golf, qui signifie avoir le trac au cours d'un match au point d'en perdre ses moyens. Dans un épisode de *How I Met Your Mother*, Barney Stinson évoque **the yips** mais… au lit, avec une fille (son sport préféré) !

Grass fairies → terme réservé aux joueurs de football (littéralement : petites fées du gazon – très ironique bien sûr)

L'arbitre, rebaptisé affectueusement **ref** ou **ump** pour l'occasion, tête de turc par excellence, est rarement épargné :

Hey ump, get off your knees, you're blowing the game! → Secoue-toi, l'arbitre, tu es en train de pourrir le match !
You're blind, ref! → Hé, l'arbitre, tu es aveugle ou quoi ?
Ou, slogan favori des étudiants américains lors des matchs universitaires : **I'm blind! I'm deaf! I wanna be a ref!** → Littéralement : « Je suis aveugle, je suis sourd, je veux devenir arbitre »... CQFD.

Si vous êtes l'athlète, facile de provoquer votre adversaire :

Hey, pretty! → Salut fillette !
Hey girls! → Ça va, les filles ?
Chicken → poule mouillée

Eat my dust → Je vais te mettre la pâtée.
Eat my wake → Quand vous lui passez devant dans une course (**wake** → sillage)
Hey, he / she's getting all over me, ou sa variante : **He / she's getting on top of me** → Eh, mais c'est qu'il / elle me cherche ! (Avec une forte connotation sexuelle.)

Et si c'est vous le coach, là, ça devient carrément jouissif : l'entraîneur est bien le seul à pouvoir jurer, insulter et cracher en toute impunité !

What, are you scared? → Quoi, tu as la trouille ?
Get the lead out of your ass! → Tu vas te magner le derche, oui ?
You guys are slower than molasses in January. → Bon sang, vous êtes plus lents que de la mélasse au mois de janvier (autrement dit, gelée !).
Turn on the juice! → Allez, on met la gomme !
Pour les gymnastes : **What are you, a cheerleader?** → Fais pas ta pom-pom girl !
Diesel → coureur à la traîne, lambin
Cherry-pickers → flemmards

100 million sperm cells, and you were the quickest? → 100 millions de spermatozoïdes, et c'était toi le plus rapide ?

Et à l'instar de notre « lopette » nationale, les termes homophobes et misogynes pleuvent sur les malheureux sportifs :

You throw like a girl! → Tu lances comme une fille !
Wimp / Wuss → mauviette
You're just a gutless bunch of pansies → Bande de dégonflés ! (**Pansies**, les pensées, signifie également « tapette ».) Variante : **Bottom** (fait allusion à la passivité d'un joueur : dans un couple homosexuel, **the bottom** désigne celui qui préfère être en dessous). Autre variante : **Faggot** (!!).
Poof / Poofter (!!) → pédale
Weenie (US) → couille molle (c'est parfois ainsi que les petits Américains désignent leur « zizi » ; n'allez pas coller une baffe au gamin qui vous dit **weenie** !)

Attention tout de même à ne pas devenir un vulgaire **meathead**, quelqu'un qui, à force de s'entraîner, n'a plus qu'un muscle à la place du cerveau !

Le surf lingo

Connaissez-vous le **surf lingo** ? À moins d'être né(e) avec une planche sous le bras, il y a peu de chances. Créé sur les plages de Hawaii et dans l'écume de Surfer's Paradise, ce jargon règne en maître sur le petit monde du surf. Un conseil, évitez de l'utiliser à tort et à travers : le bon usage (ou pas) du surf lingo permet en un clin d'œil de faire la différence entre les gens du cru et les autres !

Première bête noire des surfeurs, outre le calme plat ? Les imposteurs et les débutants, autrement appelés **kooks** (par opposition à **grom / grommet / grem / gremmie**, autant de termes affectueux pour les novices enthousiastes) :

Ass clown (le summum du **kook**), **assmunch** (surfeur qui gêne les autres par des manœuvres agressives), **barney**, **barnyard**, **sausagefest** (groupe de **barnyards** dans l'eau), **crumbeater** (ramasse-miettes, un peu lèche-bottes), **flailer / barnwaller** (qui surfe sans style), **Freddie** (mauvais surfeur qui représente un danger pour les autres), **goab**, **ham**, **hodaddy** (débutant un peu lourd – de **hodad**, surfeur débutant ou tout non-surfeur), **kahoot, kahootzky**, **kookabarn, koot**, **Melvin**, **murph**, **nocon**, **noob** (également utilisé dans le milieu des jeux vidéo), **perro, poo man**, **speed bump** (**kook** qui se met toujours en travers du chemin, inspiré des dos d'ânes), **squirrel**, **stinkbugger**, **stroppy**, **swish** (trouillard), **waldo**.

En second lieu, les mythos et **wannabes** :

Brodad → mauvais surfeur qui abuse des **bro** ou des **brah**, véritables signes de reconnaissance parmi les gens du milieu
Chubby-checker → qui parle surf tout le temps, qui sait tout des meilleurs spots et des conditions météo, mais qui trouvera toujours une bonne excuse pour ne pas se mettre à l'eau !
Floatwaller → qui se contente de flotter sur sa planche sans attraper la vague
Highway surfer → quelqu'un qui a tout le matos nécessaire et qui parle le surf lingo à la perfection, mais qui ne sait en réalité pas surfer
Landlubber / Howlie / Cornstyle → quelqu'un qui pense savoir surfer, à tort
Land shark → faux surfeurs qui restent sur la plage
Oliver McCrevice → qui raconte des histoires incroyables, mais qui, bizarrement, est toujours seul témoin de ses exploits…
Showbag / Shubee → qui s'habille avec des vêtements de surf mais n'a jamais mis un pied sur une planche
Skeep → plagiste qui n'a pas de respect pour l'environnement
Wax bum → qui reste sur la plage à astiquer sa planche

Enfin, les frimeurs, sans respect pour les autres surfeurs : **Poser**, **squid**, **dildude**.

Voyons maintenant si vous parvenez à deviner qui se cache derrière **the man in the grey suit**, ou encore **the landlord** ! *

*Réponse : « L'homme au costume gris », « le maître de céans », « le patron », le… requin !

POUR PARLER D'AMOUR

LE RIVAL QUI S'Y FROTTE...

En amour, c'est bien connu, rien n'est acquis et le danger rôde à tous les coins de rue. Célibataire, vous venez de rencontrer **the one** et vous êtes bien décidé à ne pas vous laisser doubler ? En couple, vous cherchez à dissuader tous les **motherfuckers** qui tournent autour de votre bien-aimée ? Vous trouverez ici de quoi vous défendre, voire attaquer le premier. En amour, pas de quartier !

Le vocabulaire amoureux :

Boyfriend / Girlfriend → votre cher (chère) et tendre
Husband / Wife → si vous lui avez passé la corde au cou
To be / To fall in love with someone → être / tomber amoureux de quelqu'un
To chat somebody up → draguer quelqu'un
To have a crush on somebody → kiffer quelqu'un
To go out with someone → sortir avec quelqu'un
To cheat on somebody / To have an affair → tromper

Wingman → partenaire de chasse (comme Barney et Ted, voire Robin, dans *How I Met Your Mother*)
Cockblocker → celui qui se tient entre vous (votre **cock**) et votre conquête, le rival par excellence

Vous n'avez pas oublié vos classiques ?

Bastard / Fucker / Prick → connard
Cocksucker → salaud
Cunt (!!) → bâtard
Jerkoff → branleur
Motherfucker → enculé
Son of a bitch → fils de pute
Piece of shit → merdeux
Loser → gros naze
Clear off → Dégage !
Push off → Casse-toi !
Shove off → Barre-toi !
Go to hell → Va te faire foutre ! (Littéralement → Va en enfer !)
Piss off → Fous le camp !
Cradle-robber → qui les prend au berceau, autrement dit, un homme attiré par les femmes beaucoup plus jeunes.

Sugar daddy → homme d'âge mûr qui pourvoit aux besoins (matériels) d'une femme souvent plus jeune que lui

Soyez d'abord attentif aux conseils de votre **wingman** :

Watch out, this prick is on the pull → Surveille tes arrières, ce connard a la dalle.
Be careful, this guy over there is a total horndog → Fais gaffe, ce type est un vrai queutard.
He's a real dicktard → C'est une bite sur pattes (**dicktard** → contraction de **dick** et **retard**)

Ne reste plus qu'à faire passer l'envie à ce **bastard** d'aller plus loin. Vous pouvez déjà essayer de décourager l'adversaire :

You don't have a chance / Like you have a chance, cocksucker! → T'as pas la moindre chance / Comme si t'avais une chance, enculé !
Go on and try your luck, I won't even bother to stop you → Vas-y, tente ta chance, j'essaierai même pas de t'arrêter.

If you weren't so dumb, you'd see we're not in the same league → Si t'étais moins con, tu verrais que tu m'arrives pas à la cheville.
She's out of your league, asshole! → Elle est trop bien pour toi, pauvre tache !

Si vous lui dites ça, c'est que a) vous avez des allures de mannequin b) votre adversaire est un thon. **Ugly**, **munter** (UK), **minger** ou encore **fugly** (contraction de **fuck + ugly)**, il est peut-être **skinny**, **stringbean**, **pimpsqueak** (maigrichon), **stumpy** ou **chunky** (trapu), voire **grossly overweight** (carrément obèse).

S'il ne comprend toujours pas, allez-y franchement :

Hey, Frankenstein, what d'you think you're doing? On peut savoir ce que tu fais, Frankenstein ?
Don't even think about it → N'y pense même pas.
Don't come any closer → Tu ferais mieux de garder tes distances.

Et sinon, un bon crochet du droit, c'est peut-être encore ce qu'il y a de plus efficace.

LA RIVALE
...S'Y PIQUE

•

Votre rival est une rivale ? **Damned!** Pas grave, vous êtes au moins aussi entraînée qu'elle. Car on le sait bien, en amour, les femmes n'y vont pas par quatre chemins, et elles ne sont pas toujours plus subtiles que les hommes…

Ces dames bénéficient d'ailleurs d'un vocabulaire coloré :

Goer → fille facile
To be easy → coucher avec n'importe qui
Floozy / Floosie / Floozie (!!) → pouffiasse, traînée
Ho bag → nympho
Man-eater → croqueuse d'homme
She's horny as hell → Elle est chaude comme la braise.
She's hot to trot → C'est une vraie nympho.
She's like a bitch in heat → Elle est pire qu'une chienne en chaleur.
She's hotter than your barbeque → Elle est chaude comme une baraque à frites.
She wants it badly → Elle a le feu au cul.

La contre-attaque peut aller de la simple vacherie…

Listen, honey, the Cougar Party was yesterday → Chérie, la soirée cougars, c'était hier.

I could wipe 90% of your beauty off with a wet Kleenex → Je pourrais effacer 90 % de ta beauté avec une simple lingette démaquillante.

He's not really into thunder thighs, you know → Je préfère te prévenir, il fait pas dans les grosses (**thunder thighs** → des poteaux à la place des jambes).

I wish I was as confident as you → J'aimerais avoir autant d'assurance ! (Si vous voulez souligner le ridicule d'une tenue, d'une attitude.)

You're unnecessarily ugly, you know that? → Tu n'avais pas besoin d'être aussi moche, tu sais ?

Every one has the right to be ugly, but you abused the privilege! → Tout le monde a le droit d'être moche, mais tu ne crois pas que tu as un peu abusé, là ?

… aux insultes et menaces en tout genre :

You might have a chance if he's blind, fucking slore! → T'as peut-être une chance s'il est aveugle, espèce de grognasse ! (**Slore** étant la contraction de **slut** et de **whore**.)

Shove off, penis-breath! → Tire-toi de là, garage à bites !

You'd better show a clean pair of heels if you don't want my vodka in your face → Tu ferais mieux de tourner les talons, si tu veux pas te prendre mon verre dans la gueule.

Thanks, but my boyfriend doesn't need a whore → Merci, mais mon mec n'a pas besoin d'une call-girl.

Just go and find your own boyfriend, you bitch! → Et si tu te trouvais un mec à toi, pétasse !

Piss off, you rectum-sniffing slut! → Dégage de là, espèce de salope !

Et si vous voulez insulter avec classe, rien de tel qu'une référence au cinéma :

"There's a name for you ladies, but it isn't used in high society... outside of a kennel." (*The Women*) Il y a un nom pour les femmes comme vous, mais quand on est bien élevé, on ne l'emploie pas – sinon dans un chenil (allusion au fait que le mot **bitch** signifie à la fois salope et chienne – la femelle du chien !).

"You are physically repulsive, intellectually retarded, you're morally reprehensible, vulgar, insensitive, selfish, stupid, you have no taste, a lousy sense of humour, and you smell. You're not even interesting enough to make me sick."

(*The Witches of Eastwick*)

Vous êtes repoussant(e), débile et avez des mœurs douteuses. Vous êtes vulgaire, insensible, égoïste, stupide, vous n'avez aucun goût, un sens de l'humour déplorable et une odeur forte. Vous n'êtes même pas assez intéressant(e) pour me dégoûter.

LA RUPTURE
PLAQUAGE EN RÈGLE

•

Pires que des gosses ! Ça commence par une simple boutade, une petite remarque innocente, et puis, sans prévenir, ça dégénère. Et alors là, c'est parti : frustrations, jalousies, promesses non tenues, sexe, tout ressort. Avec, en prime, les pires clichés qui soient :

I hope we can still be friends → J'espère qu'on restera amis.
It's not you, it's me → C'est pas toi le problème, c'est moi.

Ça vous parle ? Eh oui, les phrases toutes faites, c'est parfois insultant. Non, vous n'allez pas rester amis, et bien sûr que si, c'est vous le problème ! **Now let's talk for real** (passons aux choses sérieuses).

Pour elle :

Goer → fille facile
Cocktease → allumeuse

Bike / Slapper / Floozy (floosie, floozie) ‼ → pouffiasse, traînée

Porch → vulgaire, traînée

All our friends call you "the radio station" because you're so easy to pick up. → Tous nos amis disent que tu es une véritable station de radio, tellement tu es facile à chopper.

I knew you weren't marrying me for my looks, gold-digger → Je savais bien que tu ne m'avais pas épousé pour ma beauté, sale pompe à fric. (**Gold-digger** → croqueuse de diamants, chercheuse d'or.)

I'm so glad I won't finally get to marry you, you freaking bridezilla → Je suis bien content de ne pas avoir à t'épouser finalement, espèce de tarée (**bridezilla** → véritable hystérique du mariage, au point de terrifier parents et amis à l'approche du jour J).

Psycho / Sicko → tarée, psychopathe

Frigid → frigide

My middle finger gets a boner when I think of you → Chaque fois que je pense à toi, j'ai une érection du majeur. (Quelle façon élégante d'évoquer un doigt d'honneur !)

Shut the fuck up, princess → Elle va se la fermer, la petite princesse ?

High maintenance → exigeante, superficielle, difficile à vivre

I'll never forget the first time we met – although I keep trying → Jamais je n'oublierai le jour où on s'est rencontrés – et pourtant, j'essaye.

Pour lui :

And everytime, I faked it! → De toute façon, j'ai toujours simulé avec toi !

Mercy sex → relations sexuelles que l'on octroie par pitié plus que par désir

Dim → bas de plafond, pas très futé

Eunuch → eunuque

Failure / Loser → raté, moins-que-rien

Now you and your tiny dick are just a grease stain on my couch → Toi et ta petite bite, vous n'êtes plus qu'une tache de gras sur mon canapé.

Nob UK → gland (pénis)

You never could get it up anyway → Quand on est impuissant, on la boucle.

Your dick is like a landmine: small, hidden, and explodes on contact → Ta bite est un vrai champ de mines : petite, cachée, et tout explose au moindre contact.

You're a joke of a man → Tu n'as rien d'un homme, un vrai. (**Joke** → une blague.)

Go to hell, you lying sack of shit! Va te faire foutre, espèce de sale menteur / sac à merde !

As far as I'm concerned, you can just go jump off a cliff / bridge → En ce qui me concerne, tu peux aller te faire voir. (L'anglais est plus sévère → te jeter du haut d'une falaise, ou du haut d'un pont.)

INSULTES AU LIT
OH OUI OH OUI !

•

Mais pour certains couples, les insultes, ça entretient. Vous voyez où on veut en venir ? Eh oui, en amour, une insulte bien placée peut vite faire grimper la température. **Be careful**, tout le monde n'est pas partant. Voici quelques idées, à vous de les employer à bon escient.

On ne vous l'avait pas dit, que les insultes ça faisait du bien ?

Plongeons tout de suite dans le vif du sujet :

To make love → faire l'amour
To have sex / To fuck → baiser
To be excited → être excité
To turn on → exciter
Foreplay → préliminaires
To go (**to**) **first base** → se rouler une pelle (cette jolie métaphore et les suivantes sont tirées du baseball)
To go (**to**) **second base** → se caresser

To go (**to**) **third base** → passer aux choses sérieuses, les préliminaires
Home run (la quatrième base) → coucher avec quelqu'un
Hickey → suçon
To spank → fesser
Handcuffs → menottes
To tie somebody → attacher quelqu'un
Bondage → l'art d'attacher quelqu'un
Dirty → cochon
To suck → sucer
To lick → lécher
To give a blowjob → tailler une pipe
To come → jouir

Et maintenant, petit cours d'anatomie :

Breasts → seins
Ou, plus vulgairement → **boobs**, **tits**, **titties**, **jugs**, **knockers**...
Nipples → tétons
Penis → sexe masculin
Ou ses équivalents plus familiers : **dick**, **cock**, **prick**...
Et, cela va de pair : **testicles**, **balls**, **ballsack**, **nuts**, **nutsack**...

Cum → sperme
Cunt, vagina → sexe féminin (variantes : **pussy**, **beaver**, **snatch**, **twat**, **cooter**…)

Poursuivons avec quelques petits mots d'amour :

You dirty little girl / Naughty girl → vilaine fille
You are my little nympho → Tu es ma petite nympho.
Little slut → petite chaudasse / chienne
Hussy → coquine
Loosen up → Détends-toi.
I can see you like it! → Je vois que tu aimes ça !
You are so horny! → Tu la veux, hein, ma bite !
It feels so good when you get wet, you dirty bitch! → C'est trop bon quand tu mouilles comme ça, petite chienne.
Oh yeah, you want the D, baby! → T'attends que ça, ma belle !

Et pour les hommes :

Toy boy → jeune amant, étalon
Lacky → esclave (ici, sexuel)

Look at that package! Regardez-moi ce paquet !
You're well equipped! C'est que tu es bien monté !

À adapter selon votre public, bien sûr :

Cougar → On ne la présente plus, femme attirée par des hommes plus jeunes.
Milf → acronyme de **Mother I'd Like to Fuck**, femme d'âge mûr que des hommes plus jeunes se feraient volontiers, terme popularisé par les séries et les films américains
Dom (dominant) / Sub (submissive) → dominant / soumis

ET SI ON OSAIT…

BELLES-DOCHES ET ANICROCHES

•

Revenons un peu à nos chères familles. Votre belle-mère, par exemple, vous l'adorez. La preuve, vous ne manquez jamais de l'inviter à Noël et pour l'anniversaire de son fils chéri. Hier encore vous l'avez eue trois fois au téléphone, à écouter ses derniers potins et parler de l'état de santé de son chien. Toujours un mot gentil, son alcool préféré quand elle vient, un super cadeau des enfants pour la fête des grands-mères. D'ailleurs, si vous n'étiez pas là, ni mari ni enfants ne prendraient tellement de ses nouvelles, n'est-ce pas la preuve que vous êtes toujours là pour elle ?

Oh cut the crap, à d'autres, oui ! On a bien vu votre tête quand monsieur vous a demandé si ça ne vous dérangeait pas de l'accueillir une semaine pour les vacances. Vous êtes tout sourires, mais au fond, vous ne pensez qu'une chose : *FOUS-MOI LA PAIX ESPÈCE DE VIEILLE BIQUE FRUSTRÉE, DE TOUTE FAÇON, T'AS JAMAIS PU ME BLAIRER, DÉGAGE DE LÀ AVANT QU'J'TE FASSE RAVALER TON DENTIER…*

... Et puis t'as qu'à embarquer ton fils avec, ça m'fera des vacances.

Là. On vous l'avait bien dit, ça soulage, les insultes.

[Les auteures de ce livre tiennent à préciser qu'elles ont d'excellentes relations avec leurs belles-mères respectives. Toute ressemblance avec les situations décrites dans ce chapitre serait purement fortuite.]

Mother-in-law → belle-mère
Son → fils
Daughter-in-law → belle-fille
Granny → Mamie
To come over → rendre visite, passer chez quelqu'un
To stay → rester (pour un séjour plus long)
Housewife / Stay-at-home mother → mère au foyer
In my time... → De mon temps...

La plupart du temps, ses remarques sont de l'ordre du **passive-aggressive** : sous des réflexions apparemment anodines, elle est capable de vous rendre folle. Passons en revue quelques sujets de dispute fréquents :

L'éducation de son fils :

Overprotective mother → mère poule
Single mother → mère célibataire
Empty nest → le « nid vide », lorsque les enfants quittent la maison
Spoiled child → enfant gâté
To be tied to one's mother's apron strings → être dans les jupes de sa mère
Boomerang generation → génération Tanguy (ces jeunes qui partent pour l'université et reviennent au bercail car ils ne trouvent pas de boulot après leurs études). L'expression **failure to launch** (faux départ) traduit la même idée.
Scrounger / Cadger → assisté, parasite
Twixter → jeune adulte qui n'est plus tout à fait un enfant ou vieil enfant qui n'est pas encore tout à fait un adulte ; s'accompagne généralement d'un refus des responsabilités et d'une immaturité latente. Si le **twixter** en question est en prime doté d'une **overprotective mother**, c'est le scénario catastrophe pour la jeune femme que vous êtes.

L'éducation des enfants (les vôtres)…

Ce qu'elle vous dit :

Don't you think it would be better for the kids if you quit your job? → Tu ne penses pas que ce serait mieux pour les enfants si tu restais à la maison ?

Ce que vous répondez poliment :

Well, even though I have the utmost respect for such mothers, I guess it would drive me crazy → Eh bien, même si j'ai le plus grand respect pour ce genre de femmes, je crois qu'en ce qui me concerne, cela me rendrait dingue.

Ce que vous rêvez de lui dire :

You know what, snooty cow ? You're just the perfect example of what kind of a mother I don't want to be. But, hey, thanks for sharing your advice, you wrinkly, pasty-skinned old woman → Tu sais quoi, pimbêche ? Toi et ta sale face ridée, vous êtes exactement le modèle de mère que je ne veux pas être. Mais merci pour tes conseils.

Ce qu'elle vous dit :

Maybe you should refocus on your family, you know → Peut-être que tu devrais te consacrer davantage à ta famille (sous-entendu : au lieu de penser à ton boulot).

Ce que vous répondez poliment :

But I do like my job... → Mais j'aime vraiment mon boulot...

Ce que vous rêvez de lui dire :

Hey, you weaselly obnoxious wombat, why don't you mind your own business? → Occupe-toi de tes oignons, espèce de vil wombat répugnant.

La cuisine :

Good cook / Cordon bleu → cordon-bleu

Ce qu'elle vous dit :

This is awful! / This is terrible! → Ce plat est immangeable !

Ce que vous répondez poliment :

Shoot, I knew I forgot something. Must be the salt. Thank you for noticing → Flûte, je savais bien que j'oubliais le sel. Heureusement que vous vous en êtes aperçue.

Ce que vous rêvez de lui dire :

You're gonna eat the damn thing, I'm telling you! Otherwise, I swear, I'll stuff you with it! → Tu vas le bouffer, ce putain de plat ? Sinon je te jure que ce sera toi, la dinde que je farcirai l'année prochaine ! (**To stuff** → farcir comme on farcit une dinde à Noël.)

Ce qu'elle vous dit :

Don't you want my recipe? Maybe you should use it next time → Tu ne veux pas que je te donne ma recette ? Tu devrais t'en servir la prochaine fois.

Ce que vous répondez poliment :

I'm sure your recipe is the best, but you know kids, once they're used to something, it's pretty hard to change! Thanks anyway → Je suis sûre que votre recette est délicieuse, mais vous connaissez les enfants, une fois qu'ils sont habitués à quelque chose, impossible de les faire changer d'avis ! Mais merci quand même.

Ce que vous rêvez de lui dire :

Yeah, give me the damn recipe so I can wipe my ass with it → Bien-sûr, donnez-moi cette putain de recette, que je me torche le cul avec !

Ce qu'elle vous dit :

The kids told me it was the third time they had pizza this week? → Les enfants m'ont dit que c'était la troisième fois qu'ils mangeaient des pizzas cette semaine ?

Ce que vous répondez poliment :

Oh yeah, sorry about that, I already told them it was wrong to lie, especially to their honey-bunny-mamabear → Oh, je leur ai pourtant dit que c'était très mal de mentir, surtout à leur mamie-chérie-d'amour !

Ce que vous rêvez de lui dire :

At least it means I'm keeping busy… Unlike you, who have just retired from a stay-at-home job. Well done, you almost make it sound like a compliment! → Au moins, ça signifie que j'ai de quoi m'occuper la journée, contrairement à vous… qui venez de prendre votre retraite après une carrière de femme au foyer. Chapeau, dans votre bouche ça sonnerait presque comme un compliment !

L'allure :

Old bat / Old cow / Old hag / Old bag → vieille peau
Fake bake → bronzée aux UV

Ce qu'elle vous dit :
Poor girl, you look terrible! → Ma pauvre, tu as vraiment une mine affreuse !

Ce que vous répondez poliment :
Oh, you know how it is, the kids and everything… → Oh, vous savez ce que c'est, avec les enfants et tout le reste…

Ce que vous rêvez de lui dire :
I don't believe this: you're not lecturing me on beauty, old bat. Three kids at home, plus the one you "raised": how in hell do you want me to take care of myself, you garrulous old woman?

You've had so much work done yourself, you can't even tell what's original anymore → Je rêve, c'est quand même pas cette vieille peau qui va me donner des leçons de beauté ! Trois enfants, plus celui que vous avez soi-disant élevé : dites-moi au juste à quel moment je suis censée prendre soin de moi ? Chez vous tout est tellement refait que vous ne savez même plus ce qui est d'origine.

Ce qu'elle vous dit :

I get the feeling that the neighbour is quite susceptible to your charm, dear. Should I get worried for my son? → J'ai l'impression que le voisin n'est pas insensible à tes charmes, ma chère. Est-ce que je dois me faire du souci pour mon fils ?

Ce que vous répondez poliment :

Come on, you're kidding me. That guy doesn't stand a chance compared to your son → Voyons, vous plaisantez ? Ce mec n'a aucune chance à côté de votre fils !

Ce que vous rêvez de lui dire :

You would love that, wouldn't you? But look at yourself: you're so old, your birth-certificate

expired. Yeah, those good days are way behind, you prissy bitch → Ça vous plairait, n'est-ce pas, d'aller tout balancer ? Mais regardez-vous, vous êtes tellement périmée que votre certificat de naissance a expiré ! Eh oui, ces beaux jours sont très loin derrière vous, madame-je-suis-coincée-du-cul.

La bonne chose à retenir de tout ça ?

Spending time with my mother-in-law really makes me appreciate my own mother → Quand je passe du temps avec ma belle-mère, j'en viens à trouver ma propre mère fantastique !

LE BON DIEU
DE BON DIEU

•

Et quand tout fout le camp et qu'on en a assez d'insulter tout le monde ? Il reste le bon Dieu. Vous l'aurez compris, ce chapitre n'est pas pour les enfants de chœur.

To blaspheme → blasphémer
To swear / To curse → jurer
Slur → insulte, affront
To damn → damner
Heaven → le ciel
Hell → l'enfer
To be desperate → être au désespoir
To confess → aller à confesse
To absolve / To give somebody absolution → absoudre quelqu'un de ses péchés
Clergyman → homme d'Église (de **clergy** → le clergé)
The pope → le pape
Bishop → évêque
Priest → prêtre
Nun → bonne sœur
Cassock → soutane

Church / Cathedral → église / cathédrale
Convent / Monastery → couvent

Que l'on soit sous le coup de la surprise ou au comble de l'énervement, bien des exclamations qui nous échappent font référence aux cieux :

Jesus / Jesus Christ → Doux Jésus !
Oh my God → Mon Dieu ! (Les fans de *Friends* mettront vite un visage sur cette expression.)
Holy mother → *idem*, mais s'adresse plutôt à la Vierge Marie.
Goddamn… → Satané(e)…
(Sweet) mother of God! → Sainte Marie mère de Dieu !
Sweet Mary and Joseph! → Jésus, Marie, Joseph !
Holy Joe / Holy Mary → pour « Joseph » et « Marie »
Holy cow / Holy shit! → Putain de merde !
Holy Moses → variante de **Holy Lord** ou encore de **Oh my God**

Sans oublier les vieilles expressions qu'on ne trouve plus que dans *Tintin* :

Hell's bells → Sacrebleu (« Par le sacre de Dieu », « bleu » remplaçant « Dieu » pour éviter le blasphème)
Zounds → parbleu (dérivé de **God's Wounds**, les blessures de Dieu)
Sur le même modèle → **Ye gods / Crikey** (pour remplacer **Christ**)
Blimey → serait la forme altérée de **God blind me!** (quand la surprise est telle que l'on préférerait être aveugle)

Irez-vous en enfer pour avoir insulté ses ouailles ?

Bliss ninny / Bible-basher → illuminé
God squad → littéralement : la brigade de Dieu
Church mouse → rat d'église
Church people → bigot (**to be churchy**)
There's a life outside, Jesus freak → Il y a une vie à l'extérieur, espèce d'allumé !
Staunch → littéralement : loyal, dévoué
God-botherer → grenouille de bénitier

Fundy / Fundie → abréviation de **fundamentalist**, fanatique

What went wrong in your life? → Comment tu en es arrivé là ?

You know you could find a lot of more interesting hobbies! → Tu sais qu'il y a plus fun comme loisirs ?

Et puis, si ça ne vous suffit plus de vous en prendre au troupeau, vous pouvez vous tourner directement vers le berger…

Deserter! → Lâcheur !

Betrayer / Traitor → traître

Good-for-nothing → bon à rien

Is anybody there? → Un petit coup de main, ça t'écorcherait ?

Where the hell are you? → Jamais là quand on a besoin de toi !

It's unfair! → C'est pas juste !

Son of a bitch! (Quand on sait qui est sa mère…)

You're supposed to guide us, haven't you read the Bible? → T'es censé nous guider, t'as pas lu la Bible ?

Do you at least go to Mass? → Tu vas à la messe, au moins ?

Là-dessus, un magistral **Go to hell!** et vous êtes bon pour dix *Pater Noster* et cinq *Ave Maria*.

LE PATRON
TÊTE DE CON

•

Au-dessus de Dieu ? Peut-être pas. Mais dans la réalité, les foudres patronales sont bien plus effrayantes et concrètes que les foudres divines. Alors imaginez, à l'instar d'une campagne publicitaire bien connue, que vous venez de gagner au Loto : que diriez-vous à votre **boss** ? Embarquez avec nous pour un grand fantasme collectif. **There will be no mercy!** (Pas de pitié !)

Director → directeur
Manager → chef d'équipe
Employee → employé
Job interview → entretien d'embauche
To hire somebody → embaucher quelqu'un
To dismiss somebody → licencier quelqu'un
To fire / To sack → virer
To quit → démissionner
Full-time job → temps plein
Part-time job → mi-temps
Overtime (invariable) → les heures supplémentaires

Leave → congé (**sick leave** → congé maladie ; **maternity leave** → congé maternité)
Workaholic → bourreau de travail
Burn out → syndrôme d'épuisement professionnel
Bullying → harcèlement
Sexual harassment → harcèlement sexuel

Si la tentation d'insulter votre patron est souvent présente, il y a des situations où elle se fait plus pressante…

Dans son bureau, quand vous avez des choses à lui demander :

Skinflint / Scrimp → radin
What do you mean, you "forgot" to pay my overtime? → Comment ça, vous avez « oublié » de payer mes heures sup ?
Yes, my sick leave. As it's provided for by law, jerk → Oui, mon congé maladie. C'est la loi, ducon !
I swear, if you don't pay me, douchebag, you'll regret it! → File-moi ma thune, connard, ou tu vas le regretter !

You're as tight as a duck's ass → C'est même plus des oursins que vous avez dans les poches ! (Littéralement → le porte-monnaie plus serré qu'un cul de canard !)
Asshole → trou du cul
Stupid fuck → espèce de gros con
I bet your dick is the exact size of your pen → Je parie que votre bite est pas plus grosse que votre stylo.

En réunion, devant tous vos **co-workers** (collègues)…

Fusspot → enquiquineur
Pain in the ass → emmerdeur
Nitpicker → enfileur de mouches
Who do you think you are? → Vous vous prenez pour qui, au juste ?
Plonker → triple idiot
You can stuff your fucking contract! → Votre contrat, vous pouvez vous le mettre au cul !

À la machine à café…

I don't care where you spent your *great* week-end → J'en ai rien à foutre, de votre « super » week-end.

Yes, I've spoted your *wonderful* new dress → Oui, je l'ai vue votre nouvelle robe. Très jolie.
Shut your trap! → Ferme ta gueule !
Ou **Shut the fuck up!** (histoire d'être plus clair)
Dung fly → mouche à merde

Comment, c'est vous le patron ? Rassurez-vous, les discussions peuvent aussi être animées vis-à-vis de vos salariés. Avouez que les occasions ne manquent pas…

Parfois, ils ont du mal à se mettre en train :

Good-for-nothing / Never-do-well → bon à rien
You make me waste my time, moron → Tu me fais perdre mon temps.
Idler / Lazy-bones → fainéant
Ou, plus vulgaire → **lazy-arse** UK
Couch potato → grosse loque

D'autres fois, vous avez beau y faire, ils sont longs à la détente !

Dumb → débile

Numskulled → crétin

Retard → attardé

Brainless → décérébré

You have nothing between your ears → T'as vraiment rien dans le cerveau.

Birdbrain → cervelle d'oiseau

Were you actually born like that? Ta connerie est congénitale ?

LES FLICS
SANS FOI NI LOI

•

Nul n'est censé ignorer la loi, mais si vous êtes arrivés si loin dans ce livre, c'est peut-être que vous cherchez un petit peu les emmerdes. Or la loi dit qu'on n'insulte pas les flics. Mais on ne peut pas écrire un livre sur les insultes sans se salir les mains. Gageons que si les autorités viennent nous chercher des noises, quelques âmes charitables nous apporteront des oranges en prison ! Mais profitons de nos derniers instants de liberté avant que les poulets (même si les Anglais parlent plus volontiers de **pigs** – les porcs) soient à nos portes.

C'est aussi l'occasion de découvrir le **cockney rhyming slang**, argot né dans l'est londonien qui consiste à remplacer un mot par un autre (rime oblige !), de manière à rendre le discours hermétique au commun des mortels. Les flics en sont une cible de choix. Ces mots sont donc passés dans le langage courant, mais on en a parfois oublié les origines ! Par exemple, pour les policiers, on trouve **bluebottle** (de **bottle and glass**, qui rime avec **arse**), ou **bottle** tout court, **grassy**, **the gaver**, ou encore **heavy** (**heavies**).

Mais la plupart des termes associés à la police sont dérivés de films ou de séries : soyez d'autant plus vigilant aux picto UK et US, les cultures n'étant pas toujours interchangeables. Cela dit, c'est un bon moyen d'insulter sans avoir l'air d'y toucher…

Alors, vous voulez vous la jouer série télé ?

Cops → les flics
Rookie → un bleu (policier au début de sa carrière)
Officer → M'sieur l'agent
Constable UK → agent
The Feds → agents fédéraux aux États-Unis (FBI) – mais il y a peu de chances que vous ayez un jour affaire à eux ! (**Feebs** → les fédéraux, plus péjoratif que **Feds**)
FBI → Outre sa signification véritable, **Federal Bureau of Investigation**, cet acronyme peut signifier à peu près tout ce que vous voulez, de **First Bunch of Idiots** (abrutis de première classe) **à Fungi, Bacteria and Insects** (champignons, bactéries et insectes), en passant par **Funny, Beautiful, Intelligent** (drôle, beau et intelligent).
Highway Patrol US → police de l'autoroute (**Hi-Po**)
Border patrol → police des frontières

Customs → la douane
Patrol car → voiture de patrouille
To be on duty → être en service
The Job → la police (**I'm on the Job** → Je suis de la police.)
Law → loi
Jail → prison
Going downtown → aller en prison

Des **bobbies** anglais, reconnaissables entre mille à leur casque-cloche, aux **bears** américains, référence à Smokey the Bear et son chapeau de ranger, de **po-po / po / po-man** à **Barney** (US), inspiré du personnage de Barney Miller, héros de la série du même nom, ou encore de **Jack** à **Jake** en passant par **ecilop** (**police** à l'envers), la langue anglaise ne manque pas de noms affectueux pour désigner les forces de l'ordre.

Et il en faut pour tous les goûts, des becs salés…

Pigs → porcs, probablement l'insulte la plus répandue et la plus universelle dans ce domaine, équivalent de nos poulets frenchies.

Bacon → comme dans **I smell bacon**, « voilà du bacon », ce qui signifie, vous l'aurez compris... Voilà les flics ! (Voir **pigs** ci-dessus)

Rashers → tranche de bacon (voir **bacon** ci-dessus)

Rozz / Rozzers UK → de **rozz**, **to roast**, griller (tel un **rasher** de **bacon**)

... aux becs sucrés :

Doughnut → parce qu'un bon flic se doit d'aimer les donuts

Here comes the doughnut commando / patrol / squad → lorsqu'ils sont en bande

Do-do nutters / The Do-dos → toujours les donuts...

Berry → de **blueberry**, la myrtille, couleur réglementaire des uniformes en général

Cherry Toppers → littéralement → « la cerise sur le gâteau », allusion aux couleurs des gyrophares sur les voitures de police

County Brownie → concerne surtout les **county officers**, sortes de **sheriffs** affectés aux zones rurales, en raison de la couleur marron de leur uniforme

Un autre sujet de moquerie, justement, concerne l'uniforme et l'équipement du policier – qu'il soit à pied, à vélo ou en voiture :

The boys in blue → les gars en bleu
Black'n white → pour les couleurs des voitures de police aux États-Unis, généralement noires et blanches
Brass US → référence à la couleur des badges de police, souvent cuivrés
Flatfoot → référence aux pieds des agents, qui deviennent plats à force de marcher
Gumshoe US → s'adresse plutôt aux détectives et à leurs chaussures à semelle de gomme, qui leur permettent de rester discrets lorsqu'ils prennent quelqu'un en filature
Harness Bull → officier de police en uniforme
Copcycles → pour les policiers à vélo
Batty Squad Bike UK → pour les motocyclistes
Fuzz US → allusion au grésillement des radios ? L'explication est incertaine, mais ce terme est pourtant l'un des plus répandus.

Besoin d'un peu d'inspiration ?

That outfit is damn sexy. No I mean it, you look hot, Officer. But er–don't take this the wrong way, I thought you had to be in a good physical condition to be a cop? It seems to me that this little spare tyre over there isn't exactly the athlete type. Not that I don't like it, I mean, you Johnny Laws have a reputation to stand. With the doughnuts, you know? → Sexy, l'uniforme ! Non, vraiment, je vous assure, vous êtes canon, Monsieur l'agent. Mais, euh, ne le prenez pas mal, je pensais qu'il fallait avoir la forme pour être flic. Ces poignées d'amour, là, ne me semblent pas tout à fait correspondre au profil ! Je ne dis pas que je n'aime pas, bien au contraire, je veux dire, vous les poulets vous avez une réputation à tenir. Vous voyez de quoi je parle, votre passion pour les donuts…

À ce stade de la conversation, s'il ne perçoit pas l'ironie de vos propos (et que vous êtes une femme), l'agent vous aura probablement cataloguée au rang de **badge bunny** (ou **holster humper**, une femme qui ne sort qu'avec des flics – là aussi, chacun ses goûts). Un terme de la plus grande classe, auquel répondrait volontiers

Officer Michaels, du film *Supergrave* : **Prepare to get fucked by the long dick of the law!** (Je suis le gros bâton de la loi, et je vais te baiser.) Amateurs de jeux de rôles, cela pourra peut-être vous inspirer lors de vos prochains ébats...

Mais revenons à votre flic : il vous cherche des poux dans la tonsure ? Traitez-le en conséquence :

Plonker UK → incompétent notoire
Worthless... → minable...
Bizzies UK → pour **too busy to help**, trop occupé pour se rendre utile auprès de la population
Private US → détective privé, mais aussi grade de sous-officier dans l'armée ; attention, l'armée, c'est sacré aux États-Unis !
Desk Jockey US → officier retranché derrière son bureau, jeu de mots, bien entendu, sur le DJ de vos folles soirées
Over-zealous squirt → littéralement : sale morveux trop zélé
Obviously you are being paid by the hour → Visiblement, vous êtes payé à l'heure !

Il ne vous a pas encore jeté(e) aux fers pour insulte à agent ? Essayez de le traiter de ripou, pour voir :

Scum (!!) → pourriture
Babylon → terme jamaïcain pour parler de n'importe quelle institution corrompue
Dirty cop(per) → ripou (**DRC / The DRC** → **Dirty Rotten Cop** – sale pourriture de flic)
Fascist / Nazi / Gestapo (!!)
So, uh, you are on the take or what? Et sinon, vous prenez les pots-de-vin ?

Quoi, après tout ça, vous êtes encore là ?! Vous avez eu de la chance pour cette fois. Circulez, et qu'on ne vous revoie plus.

CALMER LE JEU

•

Hep, pas si vite, ne partez pas comme ça ! Vous pensiez vraiment qu'on allait vous laisser seul face à cette grande brute qui n'a pas trop aimé s'entendre traiter de **halfwit lardass** ou face au compagnon de cette fille que vous venez de comparer à une **bitch in heat** ?

Voici quelques outils qui devraient vous permettre de calmer le jeu quand vous perdez le contrôle.

Des plates excuses :

I didn't mean it → Je ne le pensais pas.
That didn't come out right → Ce n'est pas ce que je voulais dire.
I shouldn't have said that → Je n'aurais pas dû dire ça.
I'm sorry, man → Je suis vraiment désolé, mec.
I can't believe I just said that → Je n'en reviens pas d'avoir dit un truc pareil.
I don't usually do this → Je ne sais pas ce qui m'a pris, je ne fais jamais ça d'habitude.

Aux pirouettes :

I'm just kidding → Je plaisante (**with a little pat on the arm**, une petite tape amicale sur le bras, pour faire passer la pilule).

It was a joke → C'était une boutade.

Hey, I was just trying to be funny → C'est bon, j'essayais juste d'être drôle.

Come on, where's your sense of humour UK **/ humor** US **?** → Allez, où est passé ton sens de l'humour ?

It's a huge mistake / misunderstanding, I thought you were someone else → C'est une horrible méprise, je vous ai pris pour quelqu'un d'autre.

I was trying to catch your attention, and Gosh, it worked! → Je voulais attirer ton attention, et tu vois, ça a marché !

Et si vraiment votre interlocuteur ne veut pas lâcher l'affaire, essayez de l'amadouer avec votre meilleur accent frenchy :

My friends laid down this challenge for me, I... I really had to! → Mes amis m'ont lancé un défi, je... je n'avais pas le choix!

This is my bachelor / bachelorette party, thank you for your help, you were perfect! → Bienvenue à mon enterrement de vie de garçon / de jeune fille, merci de votre participation, vous avez été parfait(e) !

I suffer from a compulsive disorder, the Tourette syndrome–fuck!–, have you–shitbag!–ever heard of–dipstick!–it? → Je souffre d'un trouble compulsif appelé syndrome Gilles de la Tourette – merde ! –, vous en avez peut-être – sac de merde ! – déjà entendu – connard ! – parler ?

I've got two friends writing a book on insults, and they asked me to try them out → J'ai deux amies en train d'écrire un livre sur les insultes, et elles m'ont demandé d'en tester quelques-unes…

À vos risques et périls !

Conclusion

Ah, que la vie serait simple si on pouvait réellement s'exprimer ainsi ! Sans arrière-pensée, sans prendre de gants, sans précautions. Cela donnerait de la saveur à nos relations ! Mais nous voilà, après des siècles de civilisation, coincés par les lois de la politesse et de la bienséance et obligés de tenir notre langue. **What a shame!**

Et pourtant, croyez-le ou non, nous avons parfois hésité devant la violence de certaines expressions (les auteures sont des jeunes filles très bien élevées). À l'heure où nous écrivons ce livre, la communauté gay souffre d'un vieux relent d'homophobie sur fond d'égalité et de mariage pour tous. Faut-il regretter qu'il existe tant de termes péjoratifs à caractère homophobe ? **Faggot**, **gaylord**, **pantywaist**, **queen**, **queer**, et la liste est loin d'être exhaustive. Faut-il regretter que les insultes à l'encontre des femmes soient tellement plus nombreuses que celles réservées aux hommes ?

L'intérêt culturel d'une langue va au-delà du **politically correct**, et notre rôle n'est pas de pratiquer notre propre censure. Si certains termes vous ont choqués, espérons qu'un jour, ce genre d'ouvrage, en banalisant leur usage, aura contribué à leur faire perdre tout pouvoir de nuisance.

L'anglais de la drague

Florence Savary

À nous les p'tites Anglaises !

FIRST Editions

Dans la collection **Le petit livre**, vous trouverez également **les thématiques** suivantes :

Cuisine - Diététique

Arts - Histoire - Spiritualité - Savoirs

Astrologie - Humour - Jeux - Insolites

Vie pratique - Vie professionnelle

Langue française - Langues

Développement personnel - Vie de famille - Santé

Jeunesse

Pour consulter notre catalogue et découvrir les dernières nouveautés, rendez-vous sur **www.editionsfirst.fr** !